劳动力市场分割与农民工流动研究

——以重庆市丰都县为例

张洪铭　著

中国金融出版社

责任编辑：石　坚
责任校对：孙　蕊
责任印制：陈晓川

图书在版编目（CIP）数据

劳动力市场分割与农民工流动研究——以重庆市丰都县为例（Laodongli Shichang Fenge yu Nongmingong Liudong Yanjiu：Yi Chongqingshi Fengduxian Weili）/张洪铭著．—北京：中国金融出版社，2015.8

ISBN 978-7-5049-8038-0

Ⅰ.①劳…　Ⅱ.①张…　Ⅲ.①劳动力市场—关系—民工—劳动力转移—研究—丰都县　Ⅳ.①F323.6

中国版本图书馆 CIP 数据核字（2015）第 154590 号

出版发行　中国金融出版社
社址　北京市丰台区益泽路 2 号
市场开发部　（010）63266347，63805472，63439533（传真）
网上书店　http://www.chinafph.com
（010）63286832，63365686（传真）
读者服务部　（010）66070833，62568380
邮编　100071
经销　新华书店
印刷　北京七彩京通数码快印有限公司
尺寸　169 毫米×239 毫米
印张　16
字数　230 千
版次　2015 年 8 月第 1 版
印次　2015 年 8 月第 1 次印刷
定价　32.00 元
ISBN 978-7-5049-8038-0/F.7598

摘　　要

改革开放30多年来，随着有中国特色的市场经济体制的逐步确立，市场机制在不同地区经济增长以及劳动力工资决定中发挥了更大的作用，劳动力市场地区分割越来越显著。由于体制和制度等原因，中国劳动力市场逐渐形成了一个身份特殊、数量庞大、流动性强的农民工群体。农民工群体的存在使中国劳动力市场有着特殊性，在改革进程中的中国劳动力市场和农民工群体的发展变化有着重要的理论价值和现实意义。

2008年，金融危机引发了全国范围内的农民工返乡潮，引起了全社会的广泛关注，并成为当前中国经济研究的重点之一。金融危机造成总量约2000万的农民工失业返乡，在经济形势转暖之后，其中约1600万农民工继续外出务工，约400万农民工则就地就业或创业成为返乡农民工。2008年金融危机，使我们第一次能够具备相应的现实基础和获得充足的微观数据，研究特定经济事件引发的特定劳动力在特定时间大规模跨劳动力市场流动，也为我们提供了一个在同一劳动力市场研究返乡农民工和本土农民工的机会。

本研究从劳动力市场分割理论出发，以2008年美国金融危机中国农民工返乡为背景，使用本人于2009年7月发起并组织的重庆市丰都县返乡农民工和本土农民工抽样调查大样本数据，从市场的角度研究了不同地区劳动力市场的农民工收入差距及收入决定机制，从农民工自身的角度探讨了影响农民工流动的决策因素。本研究一方面为进一步验证中国经济发展地区不平衡和由此带来的劳动力市场地区分割及其特性提供思路，另一方面也可以为进一步从劳动力市场分割理论研究农民工流动提供借鉴。

本研究的主要创新性工作包括：

①从劳动力市场分割理论和劳动力流动理论出发，从劳动力市场和劳动力市场供给方两个相对应的角度及其比较来研究农民工流动。对于当今基本是以劳动力市场为出发点来进行农民工流动的理论研究及实证研究，从劳动力市场供给方农民工自身的角度来研究农民工流动、流动决策和相关影响因素，为进一步研究农民工流动和农民工流动决策提供了新的思路和途径。从这两个角度的比较研究发现，劳动力市场配置机制和劳动力流动决策不一致，原因在于劳动力市场和劳动力决策的影响因素不同。同时，本研究将农民工群体分为返乡农民工和本土农民工两个子群体，通过对金融危机造成的返乡农民工和本土农民工在不同劳动力市场与相同劳动力市场的收入差距和影响因素的比较，来研究我国劳动力市场地区分割和农民工流动，为研究劳动力市场分割和进一步研究农民工群体提供了新的借鉴。

②将劳动力市场分割理论和新古典人力资本理论相结合，研究了2008年金融危机造成的农民工失业和流动，研究发现，劳动力市场分割理论关于流动障碍阻碍了劳动力在各子市场间的自由流动和劳动力市场是非出清的核心假说，对我国特有的农民工劳动力群体不适用。农民工可以在不同地区的劳动力子市场之间流动，并且经济发达地区劳动力市场，可以向经济欠发达地区劳动力市场出清，出清的人群是没有在经济发达地区劳动力市场积累人力资本的农民工群体。同时，运用泰尔指数分解法，这个新的方法来验证了劳动力市场分割理论核心假说在我国的适用性，本研究的泰尔指数分解结果验证了我国劳动力市场地区分割和不同子市场中的工资决定和劳动力配置机制各不相同，新古典人力资本理论在较低端子市

场中的适用性不强。研究发现，我国不同地区的劳动力市场存在着不同的工资决定和劳动力配置机制，以受教育程度为代表的人力资本积累，是经济发达地区劳动力市场工资决定和劳动力配置机制的决定因素，以性别差异而导致的体力差异所代表的人力资本是经济欠发达地区劳动力市场工资决定和劳动力配置机制的决定因素。

③结合劳动力市场分割理论和劳动力流动理论，用 Logit 模型从劳动力市场的供给方农民工自身的角度，来研究农民工流动决策和农民工流动决策影响因素，研究发现，劳动力市场机制不能完全决定劳动力流动决策和劳动力流动，原因在于劳动力市场的配置机制和劳动力流动的决策机制存在着不一致。劳动力市场关注的是劳动力的受教育程度和性别差异所代表的人力资本积累，劳动力市场供给方农民工流动决策并不关注受教育程度和性别差异因素，农民工所关注的影响因素是婚姻状况所代表的生活压力、从事行业所代表的收入水平和短期收入与长期收入的权衡。

关键词：金融危机　劳动力市场分割　劳动力流动　农民工

Abstract

With more than 30 years' reform and opening up, the market economic system with Chinese characteristics is gradually established. The market mechanism has been playing a greater role in the economic growth and wage determination in different regions, and the labor market segmentation becomes increasingly evident. Due to institutional reasons, the Chinese labor market has gradually formed a migrant - workers group, which is of special status, large number and strong mobility. The presence of migrant - workers group makes Chinese labor market particular. Therefore, the study on development and changes of Chinese labor market and migrant - workers group, which are still in the process of reforms, has important theoretical value and practical significance.

The tide of migrant workers' home - return triggered by financial crisis in 2008 has aroused a widespread concern in whole society, also becomes one focus of China's economic studies today. The financial crisis had caused a total of about 20 million unemployed migrant workers returning home, of which about 16 million continue to go out finding jobs after the warming of economic situation, while the other 400 million stay at home getting employed or self – employed and become returned migrant workers. The financial crisis of 2008, not only provides us a realistic basis and adequate micro – data to study the specific inter – market labor flow with large – scale triggered by specific economic events at a specific time for the first time, but also makes it possible to study returned migrant workers and local migrant workers within the same labor market.

Based on the background of Chinese migrant workers' home – return tide in 2008 financial crisis, employing the theory of labor market segmentation, and using the large – sample data from a survey about returned migrant workers and local migrant workers, which was initiated and organized by me at Fengdu County, Chongqing Municipality in July 2009, this study analyzes the income gap between migrant workers and income pricing mechanism in different parts of labor market from the aspect of market research, as well as explores the decision – making factors affecting the flow of migrant workers from the perspective of migrant workers themselves. This study could provide ideas to verify the regional imbalance in China's economic development and the resulting labor market segmentation as well as the income determination mechanism. Besides, it could also provide a reference for the following study on the flow of migrant workers.

The innovative work of this study includes:

① Starting from the labor market segmentation theory and labor migration theory, the paper studies the flow of migrant workers from the two corresponding angles of labor market and labor market supply side as well as their comparison. For today's theoretical studies and empirical research of the flow of migrant workers usually takes labor market as a starting point, and current research on the flow of migrant workers, its decision – making and related factors from the perspective of labor market supply side, i. e. the migrant workers themselves, this study provides new ideas and ways for the study of the flow of migrant workers and its decision – making as well. By dividing the migrant – workers group into returned migrant workers and local migrant workers these two sub – groups, also through the comparison of income disparity and influencing factors of returned migrant workers and local migrant workers in different labor market or same labor market owing to the financial crisis, the studies on China's labor market segmentation as well as flow of migrant workers in this paper do benefits to the following research on labor market segmentation and migrant workers.

② Combined the theory of labor market segmentation and neo – classical human capital theory, the paper studies the unemployment and movement of migrant workers caused by 2008 financial crisis, and the results show that the labor market segmentation theory, detailed as barriers to the movement hinder the free movement of labor force between sub – markets, as well as the core hypothesis of labor market non – clearing do not apply to China's migrant – workers group. Migrant workers can move among the labor sub – markets in different areas, and the labor market of the economically developed areas can clear the labor market of economically less developed areas, by clearing the migrant – workers group without the accumulation of human capital. Furthermore, the studies find that there exist different mechanisms for income determination and labor allocation in China's labor markets of different regions. The human capital accumulation, represented by level of education, is the determining factor of the income determination and labor allocation mechanism for the labor market in economically developed areas, while the manpower capital represented by physical differences resulted from gender differences determines the income decision and labor allocation mechanism in the labor market of economically less developed areas.

③ Combined the theory of labor market segmentation and labor migration theory, the paper studies the decision – making of the flow of migrant workers and its influencing factors by Logit model from the perspective of the supply side of labor market, i. e. migrant workers themselves, and the results show that labor market mechanism cannot be completely determined the decision – making of labor migration or labor mobility, and the allocation mechanism of labor market is inconsistent with the decision – making mechanism of labor mobility. That labor market is concerned about the education level of labor force and manpower accumulation represented by gender, while the decision – making of flow of migrant workers of labor market supply – side is concerned about the life stress represented by marital status, the income level represented by industry as well as the balance of short – term income and long – term income.

Key words: Financial crisis　Labor market segmentation　Labor mobility　Migrant workers

目　　录

1 绪　论

2 劳动力市场分割理论综述

3 丰都县农民工的抽样调查

4 农民工收入影响因素研究

5 劳动力市场分割背景下农民工收入差距分解

1 绪 论

1.1 研究背景和研究意义

改革开放以来，中国一直经历着经济社会结构急剧变迁的过程，其中最明显的社会变革特征之一是农村劳动力持续地从农业向非农产业、从农村向城市、从内陆向沿海地区大规模转移。30 多年来，中国劳动力市场由于体制性和制度性原因逐渐形成了一个身份特殊、数量庞大、流动性强的农民工群体。随之引来的是学术界对农民工劳动力市场配置效率及劳动要素有效流动等相关问题的争论。总体来说，中国的劳动力市场发育还很不成熟，本质上属于体制性和制度性分割，对经济社会发展和宏微观经济的影响很大。随着改革开放不断推进，中国各地区和城乡之间出现了经济发展差距不断扩大的局面，东部沿海地区和城市地区经济发展水平远远高于中西部地区和农村，劳动力市场的需求在沿海，劳动力市场的供给在中西部，形成了以农民工为主的供给群体，劳动力市场分割现象非常严重。

这种劳动力市场分割格局给中国宏观经济带来了巨大的影响，随着劳动力市场地区分割不断强化，市场机制在不同地区发挥了更大的作用，劳动力市场的搜寻成本及匹配效率在不断变化，在某种程度上对劳动力配置效率产生了积极影响，但是影响农民工供给和流动的因素尚不明朗，理论界存在较大的分歧；与此同时，也给劳动力流动调控、人口结构管理、宏观经济结构调整和城市化进程带来了重大挑战。由于中国社会体制问题、户籍问题、二元分割特别明显等原因，一度造成农村劳动力的大量闲置，农村失业问题严重，劳动力市场的均衡问题主要集中在市场需求方。随着中国的城市化、工业化和现代化的推进，现阶段中国经济社会环境发生了很大的变化，劳动力市场的供需情况发生了根本性的改变，用工荒在全国范围出现，且有愈演愈烈的态势，这些现象充分说明，中国劳动力市场的均衡问题的主要矛盾逐渐集中在劳动力的供给方。由于多种原因，中国劳动力市场未能形成农民工供应机制，农民工的流动受多种因素的影响，无序流动现象日益突出，学术界的热点依然集中在宏观制度层面的探讨，对农民工的流动决策研究、影响因素、流动决策的主要参考指标等问题尚待探索。而对劳动力市场供给方的研究，特别是对于农民工流动决策影响因素的研究，有助于我们从理论层面了解劳动力市场匹配效率及劳动力流动的内在规律，这对中国劳动力市场进行深入研究有重要的理论价值，对破解“三农”难题、缩小地区差距、调整宏观经济结构和实现经济社会平稳转型有现实意义。

国外劳动力市场分割理论都支持三个核心假说：一是整个劳动力市场可分为少数几个明显不同的子市场；二是流动障碍阻碍了劳动力在各子市场间的自由流动，因而意味着劳动力市场是非出清的；三是不同子市场中的工资决定和劳动力配置机制各不相同，新古典人力资本理论在较低端子市场中的适用性不强。中国劳动力市场由于农民工群体的存在，使中国劳动力市场存在着很多有悖于国外劳动力市场分割理论三个核心假说的现象，对于仍处在改革过程中的中国劳动力市场来说，研究其分割的区别和特性，并分析其中农民工群体近年来的发展变化是非常必要的。

2008 年，美国金融危机引发了全国范围的农民工返乡潮，引起了全社会的广泛关注，并成为当前中国经济研究的重点之一。据国家统计局发布，2008 年金融危机爆发时，全国农民工数量达到22549 万人，其中离开本乡镇外出就业的农民工的总量约 1.3 亿人。2009 年初，中央财经领导小组办公室发布，在 1.3 亿外出就业的农民工中，大约有 15.3% 的农民工，即总量有约2000 万的农民工由于经济不景气失去工作或者还没有找到工作而返乡。2009 年 3 月 25 日，国家统计局发布的统计监测调查报告显示：春节后，由于经济不景气而返乡的2000 万农民工中，在经济形势转暖后 80% 以上已重新进城务工，其中约 1600 万人已成功就业；而余下的近 20% 约 400 万农民工则计划就地就业，或创业，或寻找工作。

2008 年金融危机，使得我们第一次能够具备相应的现实基础和获得充足的微观数据，研究特定经济事件引发的特定劳动力在特定时间大规模跨越不同地区劳动力市场流动，同时也为我们提供了一个在同一劳动力市场——经济欠发达地区劳动力市场研究不同劳动力群体的机会。返乡农民工有在经济发达地区劳动力市场务工的经历，而这个经历是否形成人力资本积累？与返乡农民工相对应的是没有外出务工经历而只在经济欠发达地区劳动力市场务工的本土农民工，返乡农民工是否会因为外出务工经历而在欠发达地区劳动力市场获得比本土农民工更高的收入？农民工在全国大范围的跨劳动力市场流动，农民工的流动符合劳动力市场分割的核心假说吗？农民工是如何作出流动决策和影响流动决策的主要因素有哪些？

为了对以上问题进行研究，本人于 2009 年 7 月在重庆市丰都县发起并组织有 1200 个样本的返乡农民工和本土农民工微观层面的抽样调查，得到有效样本 1044 个，本研究即建立在此次抽样调查基础上。

1.2 概念界定

经济学中的基本概念是经济理论构建的前提和基础，概念往往充当了基本理论假设，概念的诠释与演变过程则体现出经济理论的演进道路。因此，首先对本书中涉及的主要概念作界定。

1.2.1 农民工

农民工，是指在本地乡镇企业或者进入城镇务工的农业户口人员，农民工是我国特有的城乡二元体制的产物，是我国在特殊的历史时期出现的一个特殊的社会群体。

1.2.2 劳动力市场

劳动力市场有微观和宏观两个层面的含义。从宏观角度来说，劳动力市场是由各种各样的局部性或单一性劳动力市场所构成的一个总的劳动力市场体系。从微观的角度来看，劳动力市场是指特定的劳动力供求双方在通过自由谈判达成劳动力使用权转让（或租借）合约时所处的市场环境。构成劳动力市场的三个基本要素是劳动力的供给、需求和价格。

1.2.3 劳动力市场分割

劳动力市场分割来源于英文“Labor Market Segmentation”的翻译“劳动力市场分割”。是指由于政治、经济等外在制度因素或者经济内生因素的制约，使劳动力市场划分为两个或多个具有不同特征和不同运行规则的领域，不同领域在工资决定机制、工作稳定性、劳动者获得提升机会等方面有明显区别，而且劳动者很难在不同的市场之间流动。本书“劳动力市场分割”（以下简称市场分割）的内涵基本原引上述概念，特指中国劳动力市场由于相关因素而使劳动力处于分隔的状态。

1.2.4 返乡农民工

本研究中的返乡农民工指拥有丰都县农村户口，曾在丰都县外务工，2008 年全年在外务工，由于金融危机在调查时点返回丰都县内仍从事非农行业，以工资为主要收入来源的农村居民。

1.2.5 本土农民工

本研究中的本土农民工指拥有丰都县农村户口，未曾在丰都县外务工，一直且2008 年全年在丰都县内从事非农行业，以工资为主要收入来源的农村居民。

1.3 研究思路、内容和方法

1.3.1 研究思路

本研究通过对经典劳动力市场分割理论和国内外最新研究进展的系统追踪，对农民工流动的动因和影响因素进行了研究，系统设计了农民工流动相关的调查问卷，搭建了相关研究的理论框架。以农民工在不同的劳动力市场的务工收入及影响因素比较，以及返乡农民工和本土农民工务工收入及影响因素比较为切入点，通过建立联立方程组模型并运用工具变量（IV）和二阶段最小二乘法（TSLS）对模型进行估计，对农民工收入的影响因素进行实证分析，研究劳动力市场是否存在出清状况；通过泰尔（Theil）指数分解及检验等实证研究找到从劳动力市场对农民工工资决定和劳动力市场配置机制的决定因素；针对农民工流动的现实关键影响因素，依据相关理论与样本特征，应用Logit选择模型对农民工流动决策的关键影响因素进行影响效应分析，形成基于丰都视野的农民工流动决策分析框架。最后，本研究有针对性地提出了调控农民工有序流动的政策建议。

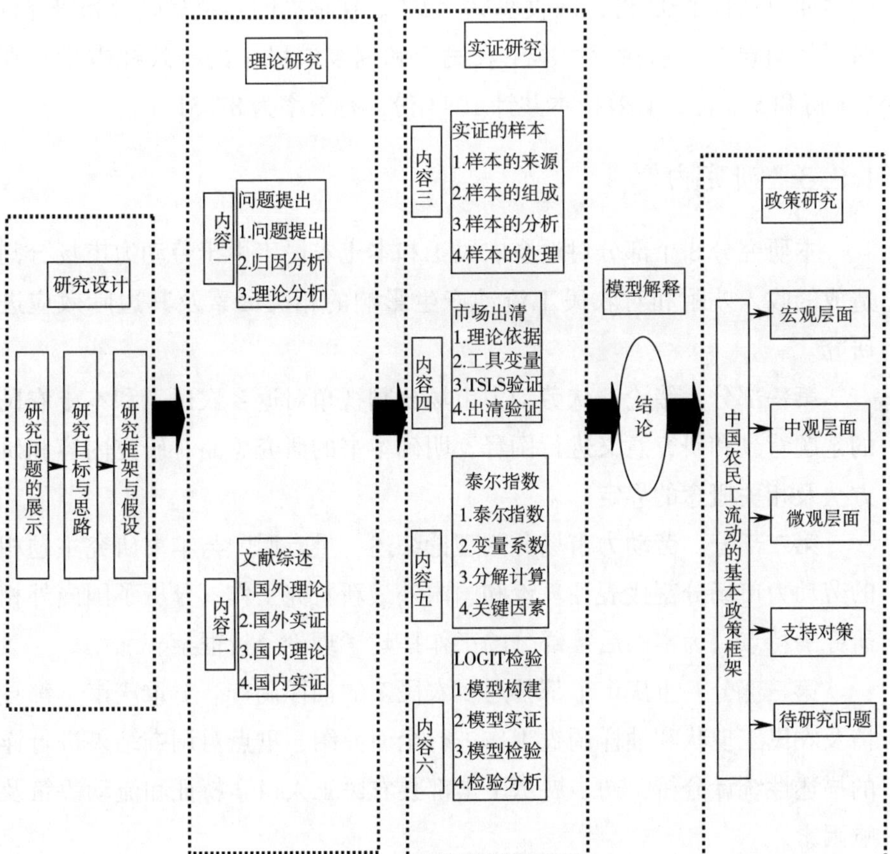

图1.1　本研究的研究思路

1.3.2 研究样本

为了探讨农民工的流动影响因素，本人于2009年7月特地在重庆市丰都县发起并进行了返乡农民工和本土农民工抽样调查。为了确保本次调查数据的真实有效，本次调查由本人按照劳动力市场分割理论进行设计，由丰都县统计局和国家统计局丰都调查队按照全国1%人口抽样调查方法共同组织，具体实施由国家统计局丰都调查队负责全国1%人口抽样调查的专业队伍具体实施。本次抽样调查覆盖丰都县全部30个乡镇，共计发放调查问卷1200份，其中面向返乡农民工和本土农民工各发放600份，问卷回收共计1193份，回收率99.42%。在根据问卷填写质量和研究目的对无效问卷进行剔除后，本土农民工和返乡农民工的有效样本量分别为541份和503份，有效样本共计1044份，有效率为87.51%。

1.3.3 研究内容

本研究分8个部分对返乡农民工和本土农民工由于劳动力市场分割所造成的收入差距和对农民工流动产生影响的相关因素及其边际效应进行研究。

第一部分：绪论。从劳动力市场分割视角对返乡农民工和本土农民工的选题背景和研究意义进行阐释，明确本书的研究思路、研究内容和研究方法及相关概念的界定。

第二部分：劳动力市场分割理论综述。重点回顾与本书研究主题相关的劳动力市场分割代表性理论和国内外最新研究工作，分析了国内外相关研究的特点，为本书后续部分的工作搭建了理论分析框架。

第三部分：重庆市丰都县返乡农民工的抽样调查。对重庆市丰都县县情及农民工现状和抽样调查工作进行全面介绍，重点对调查结果进行详尽的描述性统计分析，初步展示了丰都县农民工人口学特征和流动决策及影响因素。

第四部分：通过建立联立方程组模型并运用工具变量（IV）和二阶段最小二乘法（TSLS）对模型进行估计，对农民工收入影响因素和劳动力市场地区分割影响因素进行实证研究，以农民工的收入比较为切入点，对农民工流动是否符合劳动力市场分割理论的第二个假设进行了验证，实证说明劳动力市场存在出清及出清的人群是没有积累人力资本的群体。

第五部分：运用泰尔指数从样本特征出发对抽样数据进行了较为全面的对比，特别对影响农民工流动的收入影响因素做了深入分析和检验。力图发现劳动力市场对农民工流动的关键影响因素，为建立离散选择模型，对农民工流动决策的关键影响因素的相关影响效应及对比分析作准备。

第六部分：依据第四、第五部分的结果，依据劳动力市场分割理论，结合抽样数据样本特征，运用 Logit 选择模型，对抽样数据进行了检验与分析，检验了农民工流动的个体决策的关键影响因素。

第七部分：依据实证研究分析结果，在前文劳动力市场分割视角农民工流动决策因素实证分析的基础上，总结了各类影响因素，对影响农民工的流动决策的政策因素进行纵深性的理论探析，从理论层面到政策层面的相关延伸，作了进一步阐述，为引导农民工有序流动，解决中国劳动力市场的结构失衡问题提出了政策建议。

第八部分：研究结论和展望。梳理本书研究的主要结论，并对本书未来继续扩展的研究方向提出展望。

1.3.4 研究方法

1.3.4.1 定性分析与定量分析

全书在进行定性阐述的同时，也运用了大量的定量分析方法。主要有：(1) 运用现代经济学的劳动力市场分割理论，对丰都县返乡农民工和本土农民工的收入差异进行了定性分析；并对具有中国特色的农民工劳动力流动原因和决策影响因素进行了系统分析。(2) 定量模型分析。根据劳动力市场分割理论，通过建立联立方程组模型并运用工具变量（IV）和二阶段最小二乘法（TSLS）对模型进行估计，实证了低端劳动力市场是否存在出清，并运用泰尔指数分解法对农民工流动决策影响因素进行了测度，对其关联性进行了深入分析；(3) 计量经济学模型分析。基于劳动力市场分割理论及人力资本理论，结合样本特征，应用了 Logit 选择模型对农民工的流动决策的影响因素进行了实证和分析。

1.3.4.2 实证分析与规范分析

本研究通过对丰都县农民工对比数据的采集和分析，对农民工面对劳动力市场分割情况的决策影响因素进行初步描述，对其关联性大小和组成结构进行了解析，对外出务工经历对不同劳动力市场贡献程度的评判，均是回答“是什么”的问题，这属于实证分析法的范畴。此外，本研究还提出了应对农民工流动的基本对策和基本框架，这是回答“应该是什么”的问题，属于规范分析法的范畴。

1.3.4.3 比较分析

本研究运用多角度对比方法从劳动力市场分割理论视角对农民工流动产生的影响进行研究。对丰都县返乡农民工和本土农民工的收入差距大小和组成结构进行对比，本研究在对两者进行描述性统计分析时也运用了比较分析的方法。同时，对农民工的劳动力市场分割状况下的市场影响因素进行了对比研究，对农民工流动的宏观和微观影响因素进行了对比研究。

1.4 主要创新

本研究的主要创新性工作包括：

第一，从劳动力市场分割理论和劳动力流动理论出发，从劳动力市场和劳动力市场供给方两个相对应的角度及其比较来研究农民工流动。对于当今基本是以劳动力市场为出发点来进行农民工流动的理论研究及实证研究，从劳动力市场供给方农民工自身的角度来研究农民工流动、流动决策和相关影响因素，为进一步研究农民工流动和农民工流动决策提供了新的思路和途径。从这两个角度的比较研究发现，劳动力市场配置机制和劳动力流动决策不一致，原因在于劳动力市场和劳动力决策的影响因素不同。同时，本研究将农民工群体分为返乡农民工和本土农民工两个子群体，通过对金融危机造成的返乡农民工和本土农民工在不同劳动力市场与相同劳动力市场的收入差距和影响因素的比较来研究我国劳动力市场地区分割和农民工流动，为研究劳动力市场分割和进一步研究农民工群体提供了新的借鉴。

第二，将劳动力市场分割理论和新古典人力资本理论相结合，研究了2008年金融危机造成的农民工失业和流动，研究发现，劳动力市场分割理论关于流动障碍阻碍了劳动力在各子市场间的自由流动和劳动力市场是非出清的核心假说，对我国特有的农民工劳动力群体不适用。农民工可以在不同地区的劳动力子市场之间流动，并且经济发达地区劳动力市场可以向经济欠发达地区劳动力市场出清，出清的人群是没有在经济发达地区劳动力市场积累人力资本的农民工群体。同时，运用泰尔指数分解法，这个新的方法来验证了劳动力市场分割理论核心假说在我国的适用性，本研究的泰尔指数分解结果验证了我国劳动力市场地区分割和不同子市场中的工资决定和劳动力配置机制各不相同，新古典人力资本理论在较低端子市场中的适用性不强。研究发现，我国不同地区的劳动力市场存在着不同的工资决定和劳动力配置机制，以受教育程度为代表的人力资本积累是经济发达地区劳动力市场工资决定和劳动力配置机制的决定因素，以性别差异而导致的体力差异所代表的人力资本是经济欠发达地区劳动力市场工资决定和劳动力配置机制的决定因素。

第三，结合劳动力市场分割理论和劳动力流动理论，用Logit模型从劳动力市场的供给方农民工自身的角度来研究农民工流动决策和农民工流动决策影响因素，研究发现，劳动力市场机制不能完全决定劳动力流动决策和劳动力流动，原因在于，劳动力市场的配置机制和劳动力流动的决策机制存在着不一致。劳动力市场关注的是劳动力的受教育程度和性别差异所代表的人力资本积累，劳动力市场供给方农民工流动决策并不关注受教育程度和性别差异因素，农民工所关注的影响因素是婚姻状况所代表的生活压力、从事行业所代表的收入水平和短期收入与长期收入的权衡。

2
劳动力市场分割理论综述

本章重点回顾与本研究主题相关的研究工作，以期从梳理有关研究的过程中得到启发，形成对本研究的理论指导。由于本研究的着眼点在于验证劳动力市场分割理论三个核心假说在我国的适用性和特殊性，理解在不同劳动力市场工资决定机制、影响因素和劳动力流动，以及它所造成的返乡农民工与本土农民工收入的差异大小和影响因素。本章从劳动力市场分割理论视角出发对国外和国内有关代表性理论和研究进行回顾。

2.1 国外劳动力市场分割理论综述

现代劳动力市场分割理论产生于20世纪60年代末70代初，虽然劳动力市场分割理论流派众多，但大部分劳动力市场分割理论都支持以下三个核心假说Ryan（1984）：一是整个劳动力市场可分为少数几个明显不同的子市场；二是流动障碍阻碍了劳动力在各子市场间的自由流动，因而意味着劳动力市场是非出清的；三是不同子市场中的工资决定和劳动力配置机制各不相同，新古典人力资本理论在较低端子市场中的适用性不强。

2.1.1 国外劳动力市场分割理论

20世纪60年代是美国社会充满变革的时代。“反贫困运动”、主张给女性等“经济上的少数群体”（Economic Minority）提供参与社会生活的机会是这一时期的主题。但是，新古典经济学的边际生产力理论及人力资本理论无法对贫困、收入不平等及经济歧视现象提供令人满意的解释。而新古典人力资本理论家们根据人力资本理论提出的反贫困措施——向劳动者提供教育及培训，也没有获得预期的效果（Gintis，1971；Jencks，1972；Lucas，1972；Harrison，1972；Gordon，1972）。于是，一些学者放弃了劳动力市场的竞争性假设，转而强调劳动力市场的分割属性，强调制度及劳动力市场的结构性因素对收入和就业的影响。这些学者被称为劳动力市场分割（Labor Market Segmentation）学派，他们所构建的理论被称为劳动力市场分割理论。分割主义学派既有历史起源，又有现代起源。其历史起源要追溯到穆勒和凯恩斯的时代。穆勒和凯恩斯曾公开反对亚当·斯密关于劳动力市场具有竞争性质的学说，而倾向于具有非竞争性质的其他学派（Mill，1885；Cairnes，1874）。对于20世纪四五十年代的北美制度经济学家来说，Dunlop（1957），Kerr（1954）的学说则提前奠定了劳动力市场细化和结构化的基本概念。劳动力市场分割理论现代起源有两个方面：一是20世纪60年代对美国城市劳工和贫困问题的研究，基点在于提高每个劳动力的人力资本以及改善其物质财富，但却以失败告终（Piore，1970）。二是按阅历划分的方法，为激进经济学家将美国工人“肢解”为政治“条块”的理论提供了武器（Gordon，Edwards 和 Reich，1982）。

劳动力市场分割理论一个基本点就是劳动力市场是可分割的并且可分为几个不同的子市场（Kerr，1954；Averitt，1968；Levinson，1967；Doeringer 和 Piore，1971；Magnac，1991；Yamada，1996；Maloney，1999；Saavedra 和 Chong，1999；Albrecht 等，2006；Perry 等，2007；等等）。但是对劳动力市场分割的方法和标准却又有很多差异，这些差异主要体现在研究兴趣的关注点，如报酬或流动、市场分割的界限（如按工作划分、按产业划分、按性别划分以及按人种或年龄划分等）、所采用的调查研究方法是定性的还是定量的等。劳动力市场分割分类主要包括：O'Conner（1972）提出的劳动力市场产业分割，Stolzenberg（1974）提出的劳动力市场职业分割，Freedman（1976）和 Buchele（1976）提出的劳动力市场地区分割，Thurow（1975）提出的劳动力市场工作链分割，Baron 和 Bielby（1980）提出的劳动力市场企业分割，等等；其中 Doeringer 和 Piore（1971）的二元结构理论和内外部市场理论，Thurow 和 Lucas（1972）的职位竞争理论以及 Lindbeck 和 Snower（1986）内外部市场模型具有代表性。二元劳动力市场理论与内外部劳动力市场理论（Doeringer 和 Piore，1971）是劳动力市场分割理论的两个重要基石。二元劳动力市场理论认为，劳动力市场被分割为一级市场（Primary Market）与二级市场（Secondary Market）。一级市场中的工资较高、工作条件优越、就业稳定、安全性好、管理规范、具有较多的培训及升迁机会；而二级市场中的就业条件则大为逊色——工资低、工作条件差、就业不稳定、缺乏培训与晋升的机会（Maloney，1999；Duryea 等，2004；Duryea 等，2006；Packard，2007；Bosch 和 Maloney，2007a，b；Bigsten 等，2007）。Edwards，Reich 和 Gordon（1975），Piore（1975）在二元结构的基础上对一级市场上的工作又作了次一级的双元划分（Subsidiary Dimension），之后 Piore（1979）和 Berger 和 Piore（1982）还深入研究了二元劳动力市场的就业稳定及持续能力。Smith 和 Zenou（1997）研究了二元劳动力市场的内生性并且与劳动力市场的大规模失业密切相关。

内部劳动力市场理论认为，劳动力市场中的大型企业构成了内部劳动力市场（Heckman 和 Hotz，1986；Maloney，1999）。内部劳动力市场具有高度的组织性，是正规的劳动力市场。它通常有自己独特的工资决定机制，在内部劳动力市场中，劳动力资源的配置并不完全受竞争影响，内部市场的工资结构安排主要根据内部的需要来决定，与外部劳动力市场的供求状态没有多大关系（Sorm 和 Terrell，2000；Haltiwanger 和 Vodopivec，2002）。外部劳动力市场的供求失衡主要靠工资波动来解决，内部劳动力市场解决供求失衡的措施主要有招聘、培训、工作的重新设计、分包、调整产出量等（Doeringer 和 Piore，1971；Osterman，1984；Lund 和 Srinivas，2000；Wood 和 Gough，2006）。内外部劳动力市场理论提出后，Lindbeck 和 Snower（1986）提出内部人—外部人模型（Insider - Outsider Model），认为内部人在工资决定上有重要的讨价还价能力，因此对企业来说，替换已经就业的内部人和雇用外部人就业要花费昂贵的替代成本。McDonald 和 Solow（1981）提出了分析内部人的就业行为和工资决定的模型。Williamson（1985）运用交易费用这一概念研究了内外部劳动力市场，认为内部人掌握的企业专用性人力资本的高低和与之相联系的工作任务的可分离性决定了劳动力市场有效的工作组织和治理结构；Grimshaw 和 Rubery（1998）在其基础上，进一步将契约因素纳入其中，对内外部劳动力市场结构进行了研究。

劳动力市场分割理论的一个根本观点就是劳动力市场之所以是分割的，就是因为在其子市场之间存在着流动障碍阻碍了劳动力自由流动，劳动力在不同市场间流动困难。从劳动力市场分割理论发展伊始，经济学家就不断地对这个问题进行研究。Levinson（1967）发现制度和工会阻止了不同劳动力市场之间的流动。Doringer 和 Piore（1971）认为，一级劳动力市场雇佣抉择的规划性和程序性障碍阻止了劳动力从二级劳动力市场向一级劳动力市场流动。Freedman（1976）指出地区因素是影响劳动力流动的重要因素，劳动力跨地区流动受到诸多制约。McDonald 和 Solow（1981）提出了劳动力市场内部人集体抵制外部人进入企业的行为和决策机制，同时指出人力资本限制了劳动力在不同职业之间流动。Berger 和 Piore（1982）发现工作技能方面的差异也会阻止劳动力流动，特别是从二级市场向一级市场流动。但初期这些研究往往都是在一个固定的经济环境中就某个单一的劳动力群体进行研究所得出的结论，并没有将劳动力流动与大的经济形势和变动联系起来（Correll，Benard 和 Paik，2007；Fibbi 等，2003；Petersen 和 Saporta，2004）。

劳动力市场分割的一个重要原因和重要表现就是劳动力子市场中工资决定机制不同。Doringer 和 Piore（1971）认为，不同的市场有着不同的报酬和激励机制，因此个人素质相似的工人获得不同的收入，一级市场的规则和程序代替了劳动力市场供给和需求的力量，市场力量基本不发挥作用，二级劳动力市场按照劳动的边际贡献与边际成本的比较及时增减劳动雇佣，并按照劳动的边际贡献或市场工资支付报酬。McDonald 和 Solow（1981），Lindbeck 和 Snower（1986），Fernandez，Castilla 和 Moore（2005），Fibbi 等（2003），Petersen，Saporta 和 Seidel（2000）指出内部劳动力市场具有高度的组织性，通常有自己独特的工资决定机制，劳动力资源的配置并不完全受竞争机制的支配，而在外部劳动力市场，劳动力资源的配置通过竞争机制实现，工资和就业都由市场力量决定。Shapiro 和 Stiglitz（1984）提出效率工资劳动力市场怠工模型，成为效率工资理论模型的代表，用效率工资理论的成本和收益来解释劳动力市场分割的工资定价机制（Bowles，1981；Eaton 和 White，1982；Yellen，1984；Shapiro 和 Stiglits，1984；Coles 和 Smith，1996；Fernandez，Castilla 和 Moore，2005；Fibbi 等，2003；Petersen，Saporta 和 Seidel，2000）。

进入21世纪，二元结构理论仍有新的发展，主要表现在用来解释失业和失业时的劳动力流动。Hallstrom（2004）认为，二元劳动力市场是“内生”的并且与劳动力市场的大规模失业密切相关。Srinivas（2005）认为由于一级劳动力市场实行高于市场出清水平的效率工资，当经济处于稳定状态是会存在持久的自愿失业。当经济面临总需求冲击时，失业率会上升，二级劳动力市场随即产生。衰退引起的大规模失业使得工资较低，工作条件较差的二级劳动力市场的出现成为可能。在这里，劳动力市场的分割不是制度等因素引起的外生给定现象，而是完全由经济因素决定的。尽管二级劳动力市场的工资低，但是它一般总是高于失业者的收入，因此就可以解释一级劳动力市场劳动力、二级劳动力市场劳动力和失业者收入的差异。现实中经济衰退期所创造的职位大量是来自二级劳动力市场的事实也证明了这种二元劳动力市场的内生理论（Anastas，2006；Jackson，2001；Jackson，Goldthorpe 和 Mills，2005）。另外，McNabb 和 Ryan（1989）认为，因为在二级市场就业被视为低生产率的信号，所以高技能劳动者一旦在一级劳动力市场失业，他宁愿保持失业状态，等待在一级市场重新就业，也不愿意到二级市场就业。这一机制解释了高技能劳动者的自愿失业和公开失业与岗位空缺并存的现象。

2.1.2 国外劳动力市场分割实证

20世纪70年代至今，随着对劳动力市场分割研究的深入，越来越多国外学者针对劳动力市场分割的存在和形成原因进行实证研究。Mincer（1974）的人力资本回归模型被广泛地用于验证劳动力市场分割是否存在，Dickens 和 Lang（1985，1988，1992）用转换回归模型和 OLS 法共同验证了劳动力市场分割普遍存在。此外，还有一些运用因子分析法、最小二乘法，方差分析法等参数估计方法分析了年龄、受教育程度、性别、工作类型、是否接受过职业培训、就业的行业以及工作单位的性质等主要因素。Osberg 等（1987）在加拿大，Osterman（1975）在美国，Manabb 和 Pschaproulus（1981）和 Boston（1990）分别从产业、工作、职业、培训等视角验证了劳动力市场分割确实存在。Mayhew 和 Rosewell（1979）使用

1972 年英国劳动力流动的调查数据，检验了一级市场和二级市场之间的存在性，和一些劳动力的向上或向下的流动。Carnoy 和 Rumberger（1980）按照工作以及产业特征，划分了美国的劳动力市场，检验白人和黑人在“领域”之间的流动，他们的研究结果表明，向上的流动比向下的流动发生得更多，但是种族的差异也比较明显。Thomas 和 Vallee（1996）根据厂商的特性实证验证了喀麦隆的劳动力市场分割性。Serhiy（2003）对转型国家，如乌克兰和俄罗斯的劳动力市场分割状况进行研究发现，乌克兰的劳动力市场表现出一定程度的分割，而俄罗斯的劳动力市场分割表现得并不明显。

近年来国外学者更多地从人力资本的角度对劳动力市场分割进行研究，主要集中在受教育程度与工资决定机制及回报方面。Osterman（1975）将各种职业划分为高层一级市场、低层一级市场和二级市场，分别估计的工资方程表明高层一级市场中的工资主要由工人的人力资本决定，低层一级市场中对教育的回报稍低一些，且存在较明显的种族歧视，二级市场中的工资与工人的人力资本禀赋的关系不大，而主要受失业时间的长短和前一周工作的小时数的影响。Dickens 和 Lang（1985）通过计算主要和次要劳动力市场的教育收益率发现，在主要劳动力市场，受教育年限和收入显著正相关，工作年限对收入具有积极作用；在次要劳动力市场，受教育年限和收入没有显著关系，工作年限对收入的作用几乎为零；Alon 等（2001）对美国劳动力市场数据研究也得到类似结论。Pettit 和 Hook（2005）用扩展的人力资本模型发现了两个子市场的工资决定方式有区别的证据，受教育年限和劳动力市场经验在两个子市场中都对工人的收入有显著为正的影响。McLanahan（2004）在对劳动力市场的研究中发现，代表工人就业部门的变量对收入差异的解释力最强；同时，在各子市场中对教育的回报都是显著的且差别不大，非正规部门工人的向上流动性很弱，正规部门雇主更倾向直接从农村而不是城市非正规部门招募新工人。Robinson（2000）研究了劳动力市场状况，发现人力资本回报在各部门间存在显著差异，而且具有相同人力资本禀赋的工人在不同部门所获期望工资也是不同的。以上针对教育和工资回报显著性实证的结果是一致的，但是也发现教育对不同子市场工资的影响及影响程度存在差异。

性别差异是劳动力市场分割的一个重要标准和界限，很多学者对性别做了一系列实证。Dickens 和 Lang（1988）通过对美国劳动力市场男性劳动力的研究表明，存在两个独立的劳动力市场：主要劳动力市场和次要劳动力市场，同时存在着非经济壁垒阻碍劳动力从次级劳动力市场向主要劳动力市场流动，工会对劳动力市场上工资水平有显著影响。Brinton（1988，1989，2001），Brinton 和 Ngo（1993），Yu（2009）以企业雇员数划分了正规部门和非正规部门，对样本选择偏误进行矫正后的工资方程的估计结果显示了不同子市场有不同的工资决定方式，其中性别是一个重要因素。Sayer（2005）同样对城市的劳动力市场分割进行了验证，主要考虑的分割因素是种族、性别和移民，结果显示性别因素的分割显著，移民也更明显地从事低薪和不稳定的工作，发现劳动力市场分割状况和形式各不相同。Reid 和 Rubin（2003）结合二元经济理论与劳动力市场分割理论，对美国 1974—2000 年的劳动力市场分割进行了长期的跟踪研究，较为系统地研究了种族、性别、工作场所等对雇用量与收入的影响，结果显示白种男人比女人和非白种人在劳动力市场上一直保持着绝对的优势。Houseman 和 Osawa（2003）依据两个主要因素——每个行业中女性工人所占比例和每个行业中未加入任何形式的集体谈判协议的工人所占的比例——将英国的各行业分为“核心”与“边缘”部门后，通过估计两个子市场中的工资方程未发现支持分割理论的有力证据。以上针对性别和工资回报显著性实证的结果是一致的，但是也发现性别对不同子市场工资的影响及影响程度存在差异。

总之，国外劳动力市场分割理论是在与新古典理论的争论中发展起来的，用该理论来解释报酬差异、劳动力流动困难、失业等许多经济现象，大大提高了对现实的解释能力。国外劳动力市场分割也存在着标准不一的问题，更多的学者将重点放在了二元劳动力市场理论，而忽视了地区差异造成的劳动力市场分割。国外学者在实证中证明了劳动力市场分割在发达国家和发展中国家普遍存在，并且不同劳动力市场存在不同的工资决定机制，其中教育程度和性别差异因素显著。

2.2 国内劳动力市场分割理论综述

2.2.1 国内劳动力市场分割理论

劳动力市场分割现象也引起了我国学者的注意，但对劳动力市场分割的正式研究自20世纪90年代初才开始出现，国内学者对我国劳动力市场分割的研究，主要集中在城乡劳动力市场分割、制度性分割、体制性分割、产业分割等方面，探讨的重点多是集中在分割类别及对劳动力流动及就业的影响等，其最大的特点是，对我国的劳动力市场不同时期的分割现状进行了较为客观地描述。探讨的重点多是集中在分割类别及对劳动力流动及就业的影响上，尤其是对形成我国劳动力市场分割的各种制度性因素进行了比较系统深入的研究。在研究方法上也逐渐与国外学者保持一致，即规范与实证相结合、定性与定量相结合。目前国内劳动力市场分割开始关注对农民工流动决策问题的研究，涉及一些问题：如农民工为什么流动；受哪些因素影响；流动状况怎样；流动对农民工群体和农民工自身产生怎样的影响等。

最初并且持续时间很长的是关于城乡二元劳动力市场的研究（辜胜祖，1991；罗卫东，1998；朱镜德，1999）。有学者进一步将“二元”就业体制用于分析劳动力在国有企业和非国有企业间的配置（戴园晨、黎汉明，1991；李实，1997）。赖德胜（1996）认为我国城乡劳动力市场分割属于制度性分割。蔡昉（1998）从城乡劳动力市场的二元化出发，提出了城市劳动力市场的二元化。他将城市劳动力市场定义为由典型国有企业和新生部门这两种市场组成，前者代表传统的劳动力市场，后者是“因应市场化经济改革的逻辑进程而产生的”。蔡昉、都阳、王美艳（2001）等进一步将上述分析综合，形成了双二元劳动力市场的观点。朱镜德（2001）进一步将我国现阶段的劳动力市场划分为城市不完全竞争劳动力市场、城市完全竞争劳动力市场与农村完全竞争劳动力市场等。朱农（2001）将中国的劳动力市场分为与四元（农业、农村非农产业、城市正规行业和城市非正规行业）经济部门相对应的四元劳动力市场。李建民（2002）也指出，在户籍制度松动的今天，城市中仍然存在歧视农村劳动力的政策壁垒，城乡劳动力市场还存在一定程度的分割，认为我国劳动力市场存在多重分隔，包括城乡分隔、地区分隔、部门分隔及正式劳动力市场与从属劳动力市场的分隔，其中地区分割包括城镇地区分割和农村地区分割。徐林清（2002）认为我国劳动力市场分割为农村就业部门、城市非正规就业部门和城市正规就业部门。张展新（2004）认为劳动力市场城乡分割、部门分割弱化的同时，城市劳动力市场出现了产业分割。聂盛（2004）认为由于国家人口流动管理的放松促进了跨地区性劳动力市场形成。程贯平、马斌（2003）综合上述研究后，描述了我国劳动力市场分割的总体特点，并按照分割状态和性质的不同，将1978年至今的劳动力市场划分为四个典型的分割阶段。同时，也有一些学者探讨了一些相关问题。刘精明（2006）结合具体的社会改革进程，从新结构主义视角探讨了劳动力市场的部门分割及其结构特征的变化，并以此解释了不同部门中人力资本收益模式发生变化的原因。张力、袁伦渠（2007）运用劳动力市场分割理论分析了我国公务员工资收入决定机制的成因。晋利珍（2008，2009）结合中国经济体制改革的历程，对改革开放30多年来中国劳动力市场分割的形式及成因进行了历史的动态的考察，提出了劳动力市场双重二元分割的概念。

中国劳动力市场不同的分割形式有多种原因，国内主流观点认为主要是制度原因和体制原因，而且基本认为体制是导致城市劳动力市场分割的主要因素，城市劳动力市场分割是城乡劳动力市场分割的逻辑产物。例如，赖德胜（1996）认为，改革后制度环境的根本性变化，导致传统的城乡劳动力市场分割演变成了体制内劳动力市场与体制外劳动力市场。这是转型阶段劳动力市场分割的一个基本特征。蔡昉、王美艳（2004）认为，导致劳动力市场分割的因素主要有：户籍制度以及由户籍制度引发的养老、医疗、住房、子女教育等一系列社会保障制度的城乡分割，有限的城市就业总量，劳动力市场不完善的法制建设和对非国有部门劳工保障监督的缺失。作为我国社会主要分化力的城乡差别，在户籍制度的作用下，成为了不同尺度下我国劳动力场分割的动力（程贯平、马斌，2003；李湘萍、郝克明，2006）。以户籍制度为核心的歧视性制度，以城市居民的源于文化的歧视和源于经济的竞争所产生的非正式制度歧视，以及农民自身劳动技能低下所导致的对现代生产不适应的阻碍是形成城乡劳动力市场分割的主要原因，劳动力异质性是形成城乡劳动力市场分割的非制度原因（韩秀华，2008）。

中国的劳动力市场，既具有发展中国家剩余劳动型经济的一般特征，也具有许多中国特色的因素，突出表现在中国的劳动力市场发育还很不成熟，正处于新旧两种体制转轨的过程中，劳动力市场分割的成因和表现形式非常复杂，不仅存在由于产业结构、技术进步、企业组织形态等带来的市场性分割，更为本质的是一种体制性和制度性分割，城乡差异非常明显，农民工劳动力市场分割现象矛盾突出，没有现成的分析工具进行研究，因此，很多国内学者在对中国劳动力市场分割的形式及影响进行研究时，运用经济学的相关理论进行分析。

曹绪红（2009）从供求关系角度进行分析：农民工流动传统定义即存在劳动力市场分割的价格差异，传统分析中一般不再加以明确区分，但为了明确了解农民工的流动机理还是明确区分的必要并按农民工流动的起因和维持基础划分为两类：市场供给方——农民工自主的定价行为造成的流动；市场需求方——政府政策的变动造成的流动。不论哪一种，农民工流动必须具备以下条件：一级和二级劳动力市场是分割的，且较为明显；二级劳动力市场为封闭市场结构；一级劳动力市场需求弹性大于二级劳动力市场需求弹性。

农民工自主决策造成的流动（见图2.1），其中 D_n 为一级劳动力市场需求曲线，D_r 为二级劳动力市场需求曲线，由此可分别导出两者的边际收益曲线 M_n 和 M_r。把两者边际收益曲线相加即得到总的边际收益曲线 M_t。一级市场分割的边际成本曲线为 MC 。由于二级劳动力市场需求弹性小于一级劳动力市场需求弹性时会发生农民工的流动，即根据利润最大化的原则将在总的边际收益等于边际成本的一点决定其供应量，这时的总产量为 O_R，其中，一级劳动力供应量为 Q_1，二级劳动力市场为 Q_2，这时的一级劳动力市场的价格和二级劳动力市场的价格分别为 P_n 和 P_r，这就产生了传统定义中的农民工流动行为。

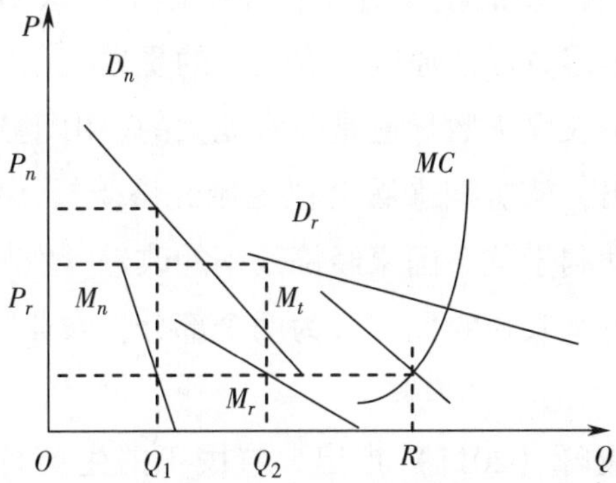

图 2.1　农民工自主决策造成的流动

政府政策造成的农民工流动的分析（见图 2.2），D_n、S_n 分别为二级劳动力市场的供求曲线，D 为一级劳动力市场的需求曲线。政策调整前价格为 P_u，政府相关政策调整后，一方面，二级劳动力市场的价格就会逐渐上升，以抵御由于农民工流动会减少二级市场的劳动力供给，另一方面，会增加农民工外派以获得农民工流动的更大收益，直到这一条件得以

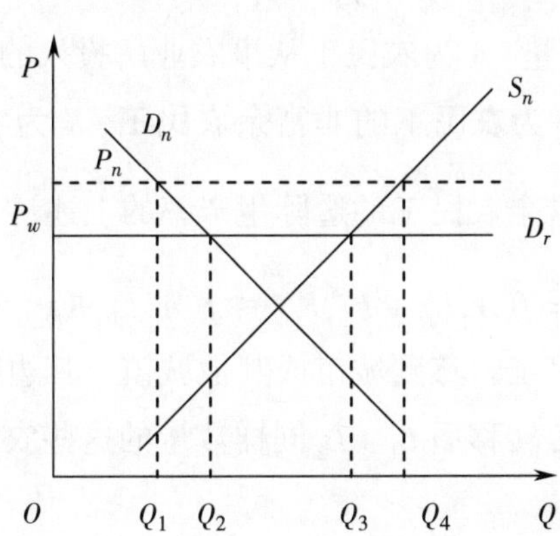

图 2.2　政府政策调整造成的流动

满足。

黄宁阳（2010）应用生产边际函数模型推导对农民工流动的合理性进行解释：根据新古典经济理论结合劳动力市场分割理论，发现区域间的农民工流动能提升落后地区人均收入，从而有利于促进地区经济收敛。二级市场农民工自由流动的模型分析：在中国的二级劳动力市场，由于历史、政治、经济等多方面的原因，农民工的受教育程度相对较低，但是受过一定教育的富余农民工数量还是非常庞大的。由于劳动力市场分割的差异导致农民工流出，从短期来看会让区域经济受损，但从宏观经济来看，农民工在国内流动利于整个国家经济效率的改进。农村农民工以从事农业活动为主，因此可将农村农民工分为两个部分：农业富余农民工与非富余农民工。

王汉民和马俊峰（2011）指出，农民工的生产行为是农民工将根据经济环境以及自身的资源禀赋的状况配置其各种生产要素，使得其生产收入达到最大化，农民工当前的农业农民工数量与达到其生产要素最优配置时的农业农民工数量之差，就是该农民工的农业富余农民工。尽管上述论述略有不同，但有一点是显然成立的：农业富余农民工的边际生产率近似等于零。以农民工为单位展开模型分析，首先假设农民工仅仅从事农业，该农民工会发现存在农业富余农民工。那么该农民工的生产函数为

$$Q = f(A, L_1 + L_2, K)$$

其中，Q 为供应量，A 为农民工从事农业所投入的土地，L_2 为农民工的农业富余农民工，L_1 为农民工的非富余农民工，K 为农民工从事农业所投入的资金。由农业富余农民工的边际生产率的上述讨论，可知：$\frac{\partial Q}{\partial L_2} \approx 0$，

从而得到：$Q_1 = f(A, L_1 + L_2, K) \approx f(A, L_1, K)$

然而，富余农民工转移到城市或其他城镇，其边际供应量将明显大于零，所以，在农民工转移后 $L_1 + L_2$ 同样数量的这些农民工共创造的供应量为

$$Q_2 = f(A, L_1 + L_2, K) \gg f(A, L_1, K)$$

即
$$Q_2 = f(A, L_1 + L_2, K) \gg Q_1$$

也就是说，站在宏观经济的视角下，农村富余农民工流动之后较流动之前更富有经济效率，所以应该让农民工在国内自由流动。

作为一级劳动力市场，从宏观经济的角度来考虑，由于大量农民工的涌入，必将利于整个区域经济效率的改进。下面通过具体模型加以论证。

将某二级市场的农民工分为流动农民工与不流动农民工。那么生产函数为

$$Q = f(L_1 + L_2, K)$$

其中，Q 为供应量，L_2 为将流动农民工，L_1 为不流动农民工，K 为所投入的资金。

具体来说，流动之前生产函数为 $Q_1 = f(L_1 + L_2, K) = Q_{11} + Q_{12}$；流动之后生产函数为

$$Q_2 = Q_{21} + Q_{22}$$

其中，Q_{11}、Q_{12}、Q_{21}、Q_{22} 分别为农民工流动之前不流动农民工的总供应量、农民工流动之前流动农民工的总供应量、农民工流动之后不流动农民工的总供应量、农民工流动之后流动农民工的总供应量。

农民工之所以选择流动，往往是由于一级劳动力市场与二级劳动力市场之间存在预期收入差距，从而农民工流动之后边际供应量一般会大于其流动之前的边际供应量，即 $Q_{22} > Q_{12}$；另外，一般来说，流动农民工流动与否几乎不会对不流动农民工在供应量上产生影响，即 $Q_{21} = Q_{11}$。

所以，可得到 $Q_{21} + Q_{22} = Q_2 > Q_1 = Q_{11} + Q_{12}$。也就是说，站在国家整体的视角下，二级农民工市场在农民工流动之后较农民工流动之前更富有经济效率，所以，也应该让农民工在国内自由流动。

2.2.2 国内劳动力市场分割实证

虽然国内对劳动力市场研究起步较晚，但是也对劳动力市场分割进行了相关实证，重点在证明劳动力市场分割和地区分割的存在。一些文献通过实证分析验证了中国劳动力市场分割的存在及相应的分割程度（李萍和刘灿，1999；聂盛，2004；王怀民，2005；史晋川和战明华，2006；晋利珍，2008 和 2009）。Zhao W 和 Zhou X（2002）实证分析了中国城市中

私有部门和国有部门存在差异，从而反映了不同所有制部门间劳动力市场分割。郭丛斌（2004）对二元劳动力市场理论在中国的应用进行了检验，验证了中国存在二元劳动力市场分割，并且分割差异显著，从总体上看中国主次劳动力市场的工作特征差异较大。Knight 等（1999），Meng 等（2001），Maurer－Fazio 等（2002）通过农民工和城镇职工之间工资收入差异的实证研究，发现农民工和城镇职工之间的工资差距显著，证明了中国城镇劳动力市场分割。郭丛斌（2004）还对中国劳动力市场职业代际效应的实证研究得出中国存在行业代际效应造成的劳动力市场分割。Sylvie Démurger、Martin Fournier、李实、魏众（2008）利用 1995 年、2002 年的中国城镇职工工资收入数据，证明了不同地区之间城镇职工收入决定中的地区分割效应显著。

国外劳动力市场分割理论和实证认为教育程度和性别差异是造成劳动力市场分割的重要因素，也是影响收入的重要因素。近 10 年来，越来越多的国内外学者通过研究工资结构的变化来研究和分析劳动力市场分割，这些研究主要通过考察不同群体间的收入差距来分析中国劳动力市场分割的各种因素，其中包括教育程度和性别差异因素。Zhao W 和 Zhou X（2002）对教育程度的实证发现个人教育回报对收入差别显著，并且证明了教育程度对收入的回报在城市私有部门高于国有部门。郭丛斌（2004）对二元劳动力市场理论在中国的应用进行了验证并指出，从总体上看，中国主次劳动力市场的工作特征差异较大，其中受教育程度和收入差别关系最明显，而工作年限和年龄差别相对较小。检验显示无论在主要劳动力市场还是在次要劳动力市场，教育与劳动者的收入具有显著正相关关系，但主要劳动力市场教育年限的增加，对提高收入的作用要大于次要劳动力市场；而工作年限的增加，对提高收入的作用在主次劳动力市场没有显著区别。这表明，在中国，低级市场的劳动者如欲闯进高级市场的话，则只能寄望于接受高等教育。郭云南（2010）针对返乡农民工的研究发现，教育程度越高的农民工越倾向于到非农部门就业，证明了教育对农民工群体的劳动力市场分割效应显著。Dong 等（2003），Qian（1996），Gustafsson 等（2000），Liu 等（2000），Hughes 等（2002），Maurer－Fazio 等

(2002)，Liu 等（2004），Bishop 等（2005），Démurger 等（2007），Ng (2007) 实证研究了城镇地区男女职工工资收入差别，发现因为性别造成的男女职工收入差别一直存在，在某些地方还存在着扩大趋势。杨菊华 (2008) 利用“中国健康与营养调查”数据，分析 1989—2006 年两性收入的特征、变化轨迹及差异的决定因素，通过多层模型分析结果发现，中国的劳动力市场依然存在显著的性别歧视。在年龄、民族、婚姻状况、教育程度、工作性质、城乡居住、地区和年份等条件相同的情况下，性别依然是决定收入的显著因素。这表明，收入的性别不公不仅受制于个体的人力资本，而且性别本身就是收入的重要决定要素。同时发现城市女性的收入高于农村女性的收入水平，但却低于城市男性和农村男性的收入，说明性别差异造成的收入差异具有跨劳动力市场的特性。

由于我国经济发展地区不平等，越来越多的学者关注到了我国劳动力市场地区分割显著。Zhao（2002），Dong 等（2002），Chen 等（2005）实证研究了不同所有制企业职工工资差距，研究发现国有企业职工工资平均水平明显高出其他所有制职工，因地区差异而有扩大和缩小趋势。郭丛斌 (2004) 利用国家统计局城市社会经济调查总队 2000 年在全国范围内进行的城镇住户调查数据，根据不同职业的收入水平，将劳动力市场分割成主要和次要劳动力市场，并分别统计其工作特征和计算其明瑟收入函数。研究结果表明中国存在二元制的劳动力市场分割和地区劳动力市场分割；随着地区经济发展水平的提高，劳动力市场分割程度逐渐减弱。与郭丛斌 (2004) 用 2000 年数据研究发现劳动力市场分割减弱不同的是，Sylvie Démurger、Martin Fournier、李实、魏众（2008）用 1995 年、2002 年的中国城镇职工工资收入数据实证研究发现，不同地区之间城镇职工收入决定中的地区分割效应不仅存在，而且有不断增强的趋势。他们用 1995 年、2002 年的中国城镇职工工资收入数据与 Oaxaca - Blinder 分解方法的扩展形式，将地区之间的职工收入差距分解为禀赋效应、工作时间效应和分割效应，分析了这一时期中国城镇地区劳动力市场分割效应对不同地区之间职工收入差距变动的影响作用，分割效应解释了大部分地区间实际收入差距的主要部分。城镇地区之间劳动力市场分割不断增强的趋势主要表现在沿海地区、直辖市与其他地区（包括中部、西部、东北地区）之间职工收入差距受到市场分割因素的影响出现了明显扩大的趋势。研究结果表明，中国城镇劳动力市场正沿着两个方向演变。一方面，总体来看，劳动力资源配置和工资决定的市场化机制在经济改革过程中发挥着越来越明显的作用；另一方面，1995—2002 年地区劳动力市场分割效应有明显增强的趋势。Démurger 等（2008）分析认为劳动力市场的分割部分来自地区之间劳动力流动的不足，部分来自于地区内部劳动力资源配置上的低效率；并提出前者需要从制度和政策上进一步破除劳动力自由流动的各种障碍，促进地区之间的劳动力自由流动；后者则需要在微观机制上优化劳动力资源配置，包括强化地区内部行业之间、企业之间的劳动力自由流动，推进企事业单位用人制度的改革。

总之，与国外学者相比，国内学者对劳动力市场分割的研究相对落后，主要集中在我国劳动力市场城乡分割、体制性分割、部门分割以及产业分割等方面，尤其是对形成我国劳动力市场分割的各种制度性因素进行了比较系统深入的研究，总体来说基本集中在劳动力市场的需求方，以宏观的视野进行制度分析、行业分析、经济发展与就业分析等，和我国的社会经济发展的历程相适应。但国内学者对劳动力市场地区分割下的微观研究较少且实证研究成果相对更少，特别是对劳动力供给方的实证研究。对农民工的流动决策的微观机理几乎没有学者认真研究，对农民工的流动决策是否受到劳动力市场分割的影响？哪些制度层面的措施能影响到农民工的流动？边际贡献大致是多少？哪些因素决定农民工的个体流动决策？尤其值得关注的是，从近期劳动力市场分割的最新研究成果看，国内外学者对我国因为经济发展不平衡造成的地区劳动力市场分割和农民工与城镇职工收入均衡还存在一定的理论争议，从理论上来说，都是由于研究的关注焦点的非均衡造成的，这些非均衡因素是否对农民工的流动产生确切的影响等相关问题，现在理论界和实际工作都需要相关的实证研究来补充说明。

2.3 本章小结

本章从劳动力市场分割视角对与本研究主题相关的国内外经典理论和代表性工作进行了回顾，为研究地区劳动力市场、劳动力市场工资决定机制和影响因素提供了重要的理论背景和研究基础。同时，指出了国内对微观个体层面的农民工流动的决策模式和影响因素尚缺乏深入的研究。因此，结合劳动力市场分割理论的对劳动力市场机制和劳动力流动的实证研究成为研究当代农民工流动的必经学术发展阶段，有较高的理论价值和现实意义。

3

丰都县农民工的抽样调查

本研究是建立在2009年7月对重庆市丰都县返乡农民工和本土农民工1200个样本的抽样调查基础上，在此首先对重庆市丰都县及丰都县农民工发展状况作介绍。中国县域经济研究所县域经济基本竞争力评价中心统计，截至2009年底，全国县域人口，平均46.53万人；县域经济地区生产总值，平均75.21亿元；地方财政一般预算收入，平均3.29亿元。其中，重庆市县域人口，平均82.03万人；县域经济地区生产总值，平均72.15亿元；地方财政一般预算收入，平均3.69亿元。据《2010年丰都统计年鉴》披露，2009年底丰都县人口82.42万人，地区生产总值65.71亿元，地方财政一般预算收入3.76亿元。

表3.1　2009年全国、重庆县域平均值与丰都县比较

	人口（万人）	地区生产总值（亿元）	人均生产总值（元）	地方财政一般预算收入（亿元）
全国县域平均	46.53	75.21	16164	3.29
重庆县域平均	82.03	72.15	8795	3.69
丰都县	82.42	65.71	7972	3.76

注：数据来源于《2010年丰都统计年鉴》和中国县域经济网。

从表3.1可以看出，丰都县总体经济发展水平较为滞后，地区生产总值低于重庆县域平均水平，远低于全国平均水平。然而，与之相反，丰都县总人口却略高于重庆县域平均水平，相比全国平均水平更是遥遥领先。经济实力与人口规模的不相匹配，是制约丰都县经济社会发展的一大要素。因此，我们可以认为，丰都县的整体情况，尤其是其欠发达的经济水平以及人口大县和劳务大县的县情，在西部乃至全国都极具代表性和典型性。通过研究丰都县的农民工发展现状，可以为全国农民工难题的破解提供新的思路，具有一定的示范效果和指导意义。

3.1 丰都县基本情况

3.1.1 基本县情

丰都县地处重庆市中部，东邻石柱县，南接武隆县、彭水县，西靠涪陵区，北邻垫江县、忠县。县城距重庆市区水上172公里，陆上150公里。丰都县位于四川盆地东部边缘，县境内地貌为一系列褶皱山系构成，长江横贯中部。江以南有七曜山脉和方斗山脉，江以北有将家山、黄草山，形成南高北低，“四山”夹“三槽”的地形。海拔最高2000米，最低175米，多在200~800米。境内山峦绵亘、溪河纵横、丘谷交错。在全县面积中，丘陵占31.7%，低山占39.4%，中山占28.9%。

全县幅员面积2904.07平方公里，2009年末辖19个镇、11个乡，共计48个居民委员会、280个村民委员会。年末户籍人口82.42万人，其中农业人口66.3万人，非农业人口16.12万人。以汉族为主，零星散居土家、苗、回等少数民族。

总的来说，丰都县的基本县情，可以概括为3个方面：

(1) 移民重点县

丰都是三峡库区移民重点县，旧县城是库区唯一跨江全淹全迁的县城，三峡大坝蓄水175米后，淹没县内陆域面积30平方公里、耕地1.3万亩、房屋229万平方米，涉及整座县城、11个乡镇、8.5万动态移民，静态补偿投资19亿元。目前，县移民工作进入了“逐步能致富”的新阶段。

(2) 山区贫困县

丰都是国家新一轮扶贫开发工作重点县，地形地貌特征为“四山夹三槽”，山区约占全县幅员面积的3/5，自然条件相对较差，发展水平相对低下。现有贫困人口6万人，其中绝对贫困人口2万人。

(3) 库区劳务大县

截至2009年底，全县总人口82万人，其中农业人口66.3万人，外出务工人员常年保持在22万人以上，占劳动年龄内农村劳动力总量的65.27%，劳务净收入14.11亿元，约占全县农民人均纯收入的53.3%。

3.1.2 人口现状

截至2009年底，丰都县总人口共计82.42万人，其中农业人口66.3万人，非农业人口16.1万人，分别占总人口的80.4%和19.6%；男性42.9万人，女性39.5万人，约占总人口的52.1%和47.9%，男女比例1.09∶1；18~60岁的青壮年人口共计49.8万人，约占总人口的60.4%。

表3.2 丰都县人口结构（2005—2009年）

单位：人

年份		2005	2006	2007	2008	2009
总人口		795528	807087	817794	824404	824242
性别	男	417242	422768	427604	430428	429401
	女	378286	384319	390190	393976	394841
行业	农业	667107	669475	674076	673911	663054
	非农业	128421	137612	143718	150493	161188
年龄	18岁以下	182642	189167	194382	195013	190738
	18~35岁	204817	194378	183860	171276	162092
	35~60岁	287896	298120	310312	324804	335384
	60岁以上	120173	125422	129240	133311	136028

注：数据来源于2010年丰都统计年鉴。

从表3.2可以看出，近5年来丰都县总人口不断上升（2009年略有下滑）。男女比例略有下降（2005—2009年，该比值分别为1.102∶1，1.100∶1，1.096∶1，1.093∶1，1.088∶1），性别结构有所改善；非农人口占比不断上升（2005—2009年，该比值分别为16.1%、17.0%、17.6%、

18.3%和19.6%)，城镇化率持续快速上升；18~60岁青壮年人口占比略有下降（2005—2009年，该比值分别为61.9%、61.0%、60.4%、60.2%和60.4%)，人口年龄结构变化不大。

3.1.3 丰都县农村劳动力资源及结构

根据丰都县劳务经济开发办公室2007—2010年的调查数据（见表3.3和表3.4)，丰都县农村劳动力资源结构呈以下四个特征：

表3.3 丰都县劳动力资源结构（2007—2010年）

单位：人

年份		2007	2008	2009	2010
农业人口总数		669475	673957	663424	669948
劳动力资源总数		339476	345590	337287	331027
性别	男	194688	198217	195878	192952
	女	144788	147373	141409	138075
年龄	30岁以下	71506	75364	77250	73206
	31~45岁	197902	188751	182265	172958
	45岁以上	70059	81475	77772	84863
文化	初中及以下	328145	333432	322473	316178
	高中及以上	11322	12158	14815	14849

注：数据来源于丰都县劳务办。

表3.4 丰都县劳动力资源比例结构（2007—2010年）

单位：%

年份		2007	2008	2009	2010
劳动力资源总数		100	100	100	100
性别	男	57.35	57.36	58.07	58.29
	女	42.65	42.64	41.93	41.71

续表

年份		2007	2008	2009	2010
年龄	30 岁以下	21. 06	21. 81	22. 90	22. 11
	31 ~45 岁	58. 30	54. 62	54. 04	52. 25
	45 岁以上	20. 64	23. 58	23. 06	25. 64
文化	初中及以下	96. 66	96. 48	95. 61	95. 51
	高中及以上	3. 34	3. 52	4. 39	4. 49

注：数据来源于丰都县劳务办。

第一，劳动力资源占农业人口的比重偏低。2007—2010 年全县农业户籍总人口分别为 66. 95 万人、67. 4 万人、66. 34 万人和 66. 99 万人，劳动年龄内农业劳动力资源仅分别占总数的 50. 71%、51. 28%、50. 84% 和 49. 41%，分别低于重庆市全市 11. 62 个百分点、12. 18 个百分点、14. 18 个百分点和 15. 44 个百分点。

第二，女性劳动力资源相对较少。2007—2010 年全县女性劳动力资源分别占劳动力资源总数的 42. 65%、42. 64%、41. 93% 和 41. 71%，男性劳动力与女性劳动力的比例分别为 1. 34:1、1. 35:1、1. 39:1 和 1. 40:1，性别结构失衡问题开始凸显。

第三，文化程度普遍较低。2007—2010 年全县初中及以下劳动力资源占劳动力资源总数的比例平均高达 90% 以上（分别为 96. 66%、96. 48%、95. 61% 和 95. 51%）。这表明丰都县近年来初中段教育发展较好，而高中段教育相对滞后，多数人在接受完初中教育后不再升入高一级学校学习，直接成为青壮年劳动力，也反映了全县劳动力资源文化程度整体不高的现实。

第四，青壮年劳动力资源数量充足。2007—2010 年全县 30 岁以下劳动力资源分别占劳动力资源总数的 21. 06%、21. 81%、22. 9% 和 25. 64%；31 ~45 岁劳动力资源分别占总数的 58. 3%、54. 62%、54. 04% 和 52. 25%；45 岁以上劳动力分别占 20. 64%、23. 58%、23. 06% 和 25. 64%。这表明丰都县青壮年劳动力资源数量充足。同时也注意到近 3

年来45岁以上劳动力资源数量总体上呈上升趋势，但变化幅度较小，劳动力资源年龄结构总体来说变化不大。

3.1.4 丰都县外出务工农民工现状

根据丰都县劳务经济开发办公室2007—2010年的调查数据（见表3.5和表3.6），丰都县外出务工农民工结构呈现以下5个特征：

表3.5 丰都县外出务工农民工结构（2007—2010年）

单位：人

年份		2007	2008	2009	2010
累计农村劳动力转移总数		192160	211532	220135	229189
性别	男	102338	113639	136741	141847
	女	89822	97893	83394	87342
年龄	30岁以下	67812	76308	78526	82148
	31～45岁	106890	113745	119241	122555
	45岁以上	17458	21479	22368	24486
文化	初中及以下	143963	199769	205506	214466
	高中及以上	48197	11763	14629	14723
产业	第一产业	5957	6013	8267	9093
	第二产业	112068	126938	124209	129848
	第三产业	74135	78581	87659	90248
地域	市内	69393	75481	93618	96423
	市外国内	122625	135856	126199	131660
	国外	142	195	318	106

注：数据来源于丰都县劳务办。

表 3.6　丰都县外出务工农民工比例结构（2007—2010 年）

单位：%

年份		2007	2008	2009	2010
累计农村劳动力转移总数		100	100	100	100
性别	男	53.26	53.72	62.12	61.89
	女	46.74	46.28	37.88	38.11
年龄	30 岁以下	35.29	36.07	35.67	35.84
	31～45 岁	55.63	53.77	54.17	53.47
	45 岁以上	9.09	10.15	10.16	10.68
文化	初中及以下	74.92	94.44	93.35	93.58
	高中及以上	25.08	5.56	6.65	6.42
产业	第一产业	3.10	2.84	3.76	3.97
	第二产业	58.32	60.01	56.42	56.66
	第三产业	38.58	37.15	39.82	39.38
地域	市内	36.11	35.68	42.53	42.07
	市外国内	63.81	64.22	57.33	57.45
	国外	0.07	0.09	0.14	0.05

注：数据来源于丰都县劳务办。

第一，外出务工人员比重较大。截至 2010 年，全县累计转移农村劳动力 22.92 万人，占农村劳动力资源总数的 69.23%，高于全市平均水平 9.1 个百分点。这表明近年来，全县劳动力转移输出工作基础扎实，劳务经济发展速度较快。

第二，农村富余劳动力数量较少。全县耕地面积 56.49 万亩，按农村劳动力人均可耕地 6 亩计算，需农业劳动力 9.42 万人，全县至 2010 年 12 月已累计转移 22.92 万人，目前全县农村富余劳动力约 5000 人。表明当前丰都县农村富余劳动力转移输出人数正趋于饱和状态。

第三，外出务工人员竞争能力偏低。截至 2010 年，全县外出务工农民工中初中及以下学历人数累计占总数的 93.58%，表明外出务工人员文化程度普遍偏低，这成为制约丰都县外出务工农民工竞争能力的一大要素，同时也是全县劳动力输出量大质弱的一大例证。

第四，外出务工人员主要分布于第二产业。截至2010年第二产业累计吸纳全县外出务工农民工12.98万人，占劳动转移总量的56.66%。而流向第三产业的农民工累计占总量的39.38%。但注意到，就近3年的数据来看，分布于第二、第三产业的农民工人数分别呈先下降后上升和先上升后下降的趋势，这可能是源于金融危机期间传统第二产业行业的颓势使得新兴第三产业行业的吸引力暂时上升，但随着危机影响的淡去整个就业结构又逐渐复归常态。

第五，外出务工人员主要分布于市外国内。截至2010年全县外出务工农民工中分布于市外国内的人数占劳动力总量的比重为57.45%，在市内就业的农民工占总量的42.07%。就近3年的数据来看，前者呈先上升后下降的趋势，而后者则呈先下降后上升之势。可能的原因同样是，金融危机期间就业机会的减少使大量农民工回流，从而使在市内就业的农民工数量增多，而随着经济逐渐走出低谷部分农民工又重新选择外出就业。这一事实可以成为反映农民工返乡状况的一大旁证。

3.1.5 丰都县返乡农民工现状

自2008年下半年以来，受全球金融危机的影响，我国沿海地区部分企业因订单不足、生产不饱和、出口受阻等原因，出现半停产、停产、关闭、破产等情况，导致部分农民工工作不稳定、工资降低或歇岗、失业。自2008年9月以来，丰都县出现了部分农民工提前返乡的非正常回流情况。随着经济形势的持续低迷，农民工非正常回流规模不断扩大，这一现象一直持续到2009年上半年。受此影响，2009年全年农民工返乡回流总量累计占劳动力转移总量的46.02%。而在正常情况下，每年因结构性回流和春节回家过年回流的比例仅大约为42%，2008年末到2009年初因为金融危机而返乡共计12061人，造成回流返乡比例上升4%左右。

表3.7统计了丰都县农民工回流高峰时期，即2008年9月至2009年9月的农民工返乡情况和就业情况。

表 3.7　2008 年 9 月至 2009 年 9 月丰都县农民工回流返乡情况统计

单位：人

项　　目		2008 年 9 月	2008 年 10 月	2008 年 11 月	2008 年 12 月	2009 年 1 月	2009 年 2 月	2009 年 3 月	2009 年 4 月	2009 年 5 月	2009 年 6 月	2009 年 7 月	2009 年 8 月	2009 年 9 月
一、回流返乡人员累计总数		345	8760	35769	72618	92611	101291	101291	101291	101291	101291	101291	101291	101291
按回流原因分	1. 受金融危机影响	345	5267	8972	11047	12061	12061	12061	12061	12061	12061	12061	12061	12061
	其中：市外回流返乡	341	5218	7866	9303	10133	10133	10133	10133	10133	10133	10133	10133	10133
	市内回流返乡	4	49	1106	1744	1928	1928	1928	1928	1928	1928	1928	1928	1928
	2. 个人及家庭等原因	0	1254	2789	3871	4672	5023	5023	5023	5023	5023	5023	5023	5023
	3. 返乡创业	0	124	362	466	521	576	576	576	576	576	576	576	576
	4. 季节性回流	0	2115	23646	57234	75357	83631	83631	83631	83631	83631	83631	83631	83631
二、再次转移就业累计人数		0	37	42	658	61528	90415	91047	91858	95507	95542	95542	95542	95550
三、参加培训后实现就业累计数		32	72	104	128	153	241	584	742	753	753	761	761	761
四、未转移就业累计人数		345	8723	35727	71960	31083	10876	10244	9433	5784	5749	5749	5749	5741
1. 在家务工及不愿意转移就业		96	178	202	254	272	3798	4321	4321	5711	5711	5741	5741	5741
2. 有岗位将陆续外出		0	3337	26755	60913	27802	5639	4983	4280	8	0	0	0	0
3. 有就业意愿但找不到岗位		249	5208	8770	10793	3009	1439	940	832	65	38	8	8	0

注：数据来源于丰都县劳务办。

3.2 抽样调查目的与内容

为了充分实现研究目的，深入了解重庆市丰都县农民工流动的影响因素，同时也为了得到有关农民工经济状况的一系列信息，本章在对 2009 年 7 月重庆市丰都县的农民工调查数据整理的基础上，通过深入的统计分析，有效地揭示了调查对象的有关个人、家庭信息、收入与经济状况，以及对社会和生活环境的关系等方面相关流动决策影响因素的相关数据，为后续的比较研究和实证分析提供了坚实可靠的研究保证。

3.2.1 调查目的

紧紧围绕研究目的而发起和组织的丰都县返乡农民工和本土农民工抽样调查的目的主要集中在三个方面。

第一，返乡农民工流动的动因。调查重点在返乡农民工是主动选择流动，还是因为经济结构性调整导致失业、就业困难、收入降低而被动流动。如果是返乡农民工主动选择流动，那又是什么原因导致主动流动，什么是返乡农民工流动的深层次原因。

第二，返乡农民工的务工收入。调查重点在返乡农民工流动前和流动后务工收入，以及返乡农民工流动前和流动后所在行业、单位性质、工作类型等变化情况。影响返乡农民工流动前收入和流动后收入的因素，以及前后变化对比。为了解农民工的成本收益作准备。

第三，返乡农民工与本土农民工的比较。调查重点在返乡农民工流动前和流动后务工收入与本土农民工务工收入差异，返乡农民工的外出务工经历是否使得他们在本地就业市场上更具竞争力，影响他们收入的因素是否存在不同之处。

本研究还试图调查返乡农民工和本土农民工对外出务工和进城定居的看法与态度，以及这两个子群体是否存在差异，为总结农民工流动的规律作准备。

3.2.2 调查内容

调查问卷分四个维度对调查对象进行了刻画，分别是：农民工个人基本信息、农民工家庭信息、现在工作地（居住地）社会环境和生活环境以及返乡农民工对城市的看法。有关调查问卷的详细内容见附件A。以下是对各个调查维度的基本内容的简介。

（1）农民工个人基本信息

主要涉及调查对象（包括返乡农民工和本土农民工）的人口统计学信息，包含：年龄、性别、文化程度、培训经历、职业、婚姻状况、健康状况、收入情况等内容。特别地，针对返乡农民工，采集了有关外出务工年限、务工地点、流动创业情况和耕地处理情况等方面的信息。

（2）农民工家庭信息

覆盖了调查对象家庭的各项基本信息，涉及家庭总人口数、总劳动力人数、家庭成员的政治面貌和宗教信仰、家庭的收入及其构成以及家庭从事农业生产的情况等方面的信息。

（3）现在工作地（居住地）社会环境和生活环境

考察了农民工参与社会活动的情况（如在村委会选举中投票、捐献、向新闻媒体反映有关本村的问题、参加志愿服务等）、农民的价值观判断（如在本村有家的感觉、在本村中的责任感强烈、是否喜欢与不同生活方式的人做邻居等）、对邻里安全的判断、对人群和机构的信任度（如对军队、中央政府、陌生人、新闻媒体、同村居民、村委会的信任水平）、对机构服务效率的评价（如对乡镇政府、村委会、警察的评价）、参政意愿（包括对政治是否感兴趣、对自身参政能力的判断、接触政治类信息的频率等）以及对生活的满意度和心理健康等方面的内容。

（4）返乡农民工对城市的看法

仅针对有外出务工经历的农民工，涉及以下方面的内容：选择居住在城市或农村的意愿和原因；在城市里是否受到歧视、主要的生活成本和生活压力来源、对子女受教育的看法；外出务工经历对流动就业的帮助作用，该经历或外出务工农民的身份是否受到本村乃至整个社会的认同。

3.2.3 调查设计

围绕本研究的研究目的，确定了抽样调查的内容，并针对抽样上述调查的目的设计了调查问卷。

（1）本调查问卷分成两部分，一部分是返乡农民工和本土农民工都必须回答的个人、家庭基本信息问题和现在工作地（居住地）社会环境和生活环境问题，一部分是针对返乡农民工专门设计的问题包括流动原因、收入对比、今后打算等和整个板块的对城市和流动进入城市的看法。

（2）本调查为了弄清返乡农民工外出务工收入和本土农民工本土务工收入专门设计了“本人上年总收入”和其中的“农业生产收入”与“非农业生产收入”。因为调查对象返乡农民工是金融危机后流动，所以上年总收入中的非农业生产收入对返乡农民工来说即是返乡前在外出务工地的工资收入，而对本土农民工来说即是在丰都务工的工资收入。本调查问卷中专门提出了“上月收入”问题，对返乡农民工和本土农民工来说都是在丰都务工的月工资收入。所以，返乡农民工的流动前外出务工收入即以上年收入中的非农业生产收入体现，返乡农民工的流动后的本土务工收入即以上月收入体现；本土农民工上年非农业生产收入和上月收入都是在丰都的务工的工资收入。（由于本调查重点在务工收入即问卷中的“上年非农业生产收入”，为了方便阐述，都用“上年收入”代表“上年非农业生产收入”）

（3）本调查对返乡农民工和本土农民工收入对比，是通过上年收入来比较返乡农民工外出务工收入和本土农民工本土务工收入，通过上月收入来比较返乡农民工和本土农民工在丰都务工的收入。

3.3 调查实施与质量控制

3.3.1 调查队伍

为了确保本次调查数据的真实有效，本次调查由本人发起并和丰都县统计局和国家统计局丰都调查队按照全国1%人口抽样调查方法共同组织，具体实施由国家统计局丰都调查队负责全国1%人口抽样调查的专业队伍具体实施。

3.3.2 调查过程

本抽样调查工作由丰都县统计局、国家统计局丰都调查队组织实施，并得到了丰都县劳务办的大力协助，其组织实施工作主要包括以下4个步骤：

（1）准备阶段

制订调查方案、调查试点、印发调查问卷等前期工作。为确保调查的科学性，先进行了50户的预调查以及问卷的试填写工作，对问卷其中的不完善的地方进行了改正和完善。对一些问题的选项进行了细化选择，如问卷问题“返回丰都县就业或创业原因”，初次调查时收回原因有10条以上，后集中整理为“照顾家里老人或小孩，外出务工工作不好找，外出务工收入偏低，积累了资金技术回家乡寻找创业机会，及其他”。

（2）培训阶段

主要是对全国1%人口抽样调查队伍的干部队伍中选择工作扎实、作风过硬的精干人员从事调查工作，并集中所有乡镇的调查人员到县统计局和国家统计局丰都调查队办公地点针对本次调查进行了业务培训，以提高调查质量。

（3）调查阶段

完成问卷的调查、核实上报等工作。

（4）数据处理阶段

完成数据综合，整理加工等工作。数据录入过程和录入结束后都进行了审核，对其中存在的问题同被调查对象进行了回访确认；同时，对最终调查结果邀请县劳务办、县统计局等相关部门进行了评估。

3.3.3 质量控制

为确保调查问卷的质量，本次调查工作遵循以下4条原则对调查质量进行控制：

（1）严格按照抽样方案抽选调查样本，保证调查样本的随机性、准确性。

（2）现场调查中，对每一调查者访问记录后，调查员都要对填写的内容进行全面检查，如有疑问应重新询问落实，若有错误应立即改正。核实无误后，让被访者签名确认。

（3）调查员对每天的调查结果应进行检查，如发现疑问应尽快重访，不得主观臆造、弄虚作假。

（4）调查督导员对调查员经过复查送交的调查表，要认真核实无误后，方可签字验收。

3.4 样本分布及数据整理

本次抽样调查覆盖丰都县全部30个乡镇，共计发放调查问卷1200份，其中面向返乡农民工和本土农民工各发放600份。问卷回收共计1193份，回收率99.42%。在根据问卷填写质量和研究目的对无效问卷进行剔除后，剩余有效问卷1044份，有效率87.51%。调查样本基本情况如表3.8所示。

表 3.8　调查样本基本情况

调查地点	合计数（人）			占总数百分比（%）		
	本土	返乡	总计	本土	返乡	总计
包鸾镇	22	18	40	2.1	1.7	3.8
保合镇	20	20	40	1.9	1.9	3.8
崇兴镇	13	11	24	1.2	1.1	2.3
董家镇	25	22	47	2.4	2.1	4.5
都督镇	4	3	7	0.4	0.3	0.7
高家镇	28	33	61	2.7	3.2	5.8
虎威镇	12	11	23	1.1	1.1	2.2
江池镇	14	12	26	1.3	1.1	2.5
栗子镇	10	9	19	1	0.9	1.8
龙河镇	35	35	70	3.4	3.4	6.7
龙孔镇	22	21	43	2.1	2	4.1
南天湖镇	10	3	13	1	0.3	1.2
青龙乡	7	7	14	0.7	0.7	1.3
仁沙镇	25	23	48	2.4	2.2	4.6
三坝乡	11	3	14	1.1	0.3	1.3
三合镇	41	42	83	3.9	4.0	8.0
三元镇	18	18	36	1.7	1.7	3.4
社坛镇	31	36	67	3.0	3.4	6.4
树人镇	29	22	51	2.8	2.1	4.9
三建乡	9	6	15	0.9	0.6	1.4
暨龙镇	7	9	16	0.7	0.9	1.5
双龙场乡	16	14	30	1.5	1.3	2.9
双路镇	15	14	29	1.4	1.3	2.8
太平坝乡	4	2	6	0.4	0.2	0.6

续表

调查地点	合计数（人）			占总数百分比（%）		
	本土	返乡	总计	本土	返乡	总计
武平镇	14	13	27	1.3	1.2	2.6
兴义镇	30	29	59	2.9	2.8	5.7
许明寺镇	15	14	29	1.4	1.3	2.8
湛普镇	7	7	14	0.7	0.7	1.3
十直镇	29	31	60	2.8	3.0	5.7
名山镇	18	15	33	1.7	1.4	3.2
总计	541	503	1044	51.8	48.2	100

从表3.8可见，本土农民工和返乡农民工的有效样本量分别为541份和503份，各占总有效样本量的51.8%和48.2%，两者比例为1.08∶1，与计划中的1:1比例相去不远。从各乡镇的实际调研情况来看，在每一个乡镇基本上能按照1:1的比例对两个群体进行抽样。

3.5 样本数据的统计学比较

3.5.1 人口学特征和就业与行业等情况比较

3.5.1.1 人口学特征

表3.9显示了丰都县农民工的年龄分布。从表3.9中可见，丰都县从事非农职业的劳动力主要为青壮年劳动力，其中尤以40~49岁的壮年劳动力居多。注意到，在返乡农民工群体中，20~39岁的劳动力占比显著高于本土农民工群体，而50岁以上的劳动力占比又明显的低于本土农民工群体。这说明，对于丰都县的农民工来说，越年轻，越可能走出去就业，而年纪越大则留在故土的意愿越强。

表 3.9　丰都县农民工年龄分布

年龄（岁）	本土（人）	返乡（人）	总计（人）	本土（%）	返乡（%）	总计（%）
0～19		4	4	0	0.80	0.4
20～29	24	53	77	4.44	10.54	7.4
30～39	126	197	323	23.29	39.17	30.9
40～49	228	196	424	42.14	38.97	40.6
50～59	125	45	170	23.11	8.95	16.3
60～69	33	8	41	6.1	1.59	3.9
70～79	5		5	0.92	0	0.5
总计	541	503	1044	100	100	100

表3.10显示了丰都县返乡农民工与本土农民工的性别结构。从该表可见，在整个农民工群体中，男性农民工占了绝大多数，其比例为85.2%，而女性农民工仅占总量的14.8%。这说明在丰都县的农村家庭中，倾向于选择男性外出务工，而女性则主要留守家中，这与中国社会的传统社会规范也是一致的。在本土农民工和返乡农民工两个子群体中，性别结构基本一致，两个群体不存在显著的差别。

表 3.10　丰都县农民工性别分布

姓别	本土（人）	返乡（人）	总计（人）	本土（%）	返乡（%）	总计（%）
男	460	430	890	85.03	85.49	85.2
女	81	73	154	14.97	14.51	14.8
总计	541	503	1044	100	100	100

从表3.11中可见，丰都县整个农民工群体中，已婚有子女的农民工占比超过九成以上，如果再加上离异或丧偶有子女的人群，整个群体占比达到92.7%。这说明绝大多农民工都背负着巨大的家庭责任，尤其是对子女的教育责任，而后者对于曾外出务工的返乡农民工来说又有着特殊的意义。关于外出务工农民工对待子女教育的情况的探讨，将在下文进行，这也是本次调查的一个重要组成部分。

表 3.11　丰都县农民工婚姻状况

婚姻状况	本土(人)	返乡(人)	总计(人)	本土(%)	返乡(%)	总计(%)
未婚	20	23	43	3.70	4.57	4.1
已婚无子女	16	12	28	2.96	2.39	2.7
已婚有子女	494	457	951	91.31	90.85	91.1
离异或丧偶无子女	2	3	5	0.37	0.60	0.5
离异或丧偶有子女	9	8	17	1.66	1.59	1.6
总计	541	503	1044	100	100	100

表 3.12 说明了丰都县农民工的受教育程度。从表中可见，在整个农民工群体中，高中及以上文化程度的仅占 17.5%，说明丰都县农民工的受教育程度普遍不高。注意到，在本土农民工和返乡农民工两个子群体中，高中及以上文化程度的农民工所占比例分别为 17.75% 和 17.30%，基本持平。但更多的具有初中文化程度的人选择外出务工（比例为 69.58%），这说明受教育程度的高低可能是影响丰都县农村居民外出务工的一个因素，但随着受教育水平的提高这一影响会缩小。

表 3.12　丰都县农民工文化程度

受教育程度	本土（人）	返乡（人）	总计（人）	本土（%）	返乡（%）	总计（%）
未上过学	9	1	10	1.66	0.20	1.0
小学	107	65	172	19.78	12.92	16.5
初中	329	350	679	60.81	69.58	65.0
高中	84	75	159	15.53	14.91	15.2
大专以上	12	12	24	2.22	2.39	2.3
总计	541	503	1044	100	100	100

3.5.1.2　当前就业状况

表 3.13 反映了丰都县本土农民工和返乡农民工返乡后当前的就职情况。从表中可以看出，在整个农民工群体中，有相当一部分的人选择了自主创业，自己做老板。这一比例在两个子群体中分别占 38.82% 和

29.62%。这一现象的产生，一方面可能是由于农民工，特别是返乡农民工在务工过程中积累了大量的工作经验，自主创业意愿上升；另一方面也可能是金融危机期间就业形势紧张，使不少人不得不自谋职业。对于两个群体，我们注意到返乡农民工选择从事建筑工作的人，其比例远远大于本土农民工，而选择从事服务行业的人，其比例却略低于本土农民工。从这一结果看，返乡农民工显得更为吃苦耐劳。但这一局面也可能是返乡农民工返乡后难以在接近饱和的劳动力市场上找到合适的工作机会所造成的。特别地，返乡农民工返乡后从事技术工作的比例要大于本土农民工，使他们能够更多地通过知识谋生，而不仅仅是依靠体力劳动。本土农民工中选择其他职业的人，其比例显著的大于返乡农民工，这可能是由于部分本土农民工从事第一产业工作，而这些职业又被划入这一选项的缘故。

表 3.13 丰都县农民工当前务工职业情况

职业	本土(人)	返乡(人)	总计(人)	本土(%)	返乡(%)	总计(%)
管理人员	10	8	18	1.85	1.59	1.7
技术人员	25	34	59	4.62	6.76	5.7
生产工人	38	41	79	7.02	8.15	7.6
建筑工人	26	96	122	4.81	19.09	11.7
商贸服务人员	50	36	86	9.24	7.16	8.2
家政服务人员	9	8	17	1.66	1.59	1.6
居民服务人员	27	10	37	4.99	1.99	3.5
个体业主	210	149	359	38.82	29.62	34.4
灵活就业人员	61	75	136	11.28	14.91	13.0
其他	85	46	131	15.71	9.15	12.5
总计	541	503	1044	100	100	100

表3.14揭示了丰都县本土农民工和返乡农民工返乡后的就职行业分布信息。从表中可见，返乡农民工群体从事服务行业工作的人数要显著地低于本土农民工，而进入建筑业、制造业和采掘业等以体力劳动为主的行业的人数却显著高于前者。注意到，在整个农民工群体中，大部分的人进

入了传统的农林牧渔业，这是因为调查对象是金融危机期间返乡从事非自家农业生产而是大面积土地承包和养殖等规模农业的农民工。同时也可以看到，第三产业行业在吸收劳动力，缓解就业压力方面发挥了巨大的作用。在整个农民工群体中，超过50%的农民工在这些行业就业。

表3.14 丰都县农民工当前所属行业分布

行业	本土(人)	返乡(人)	总计(人)	本土(%)	返乡(%)	总计(%)
农林牧渔业	174	113	287	32.16	22.47	27.5
采掘业	3	4	7	0.55	0.8	0.7
制造业	21	32	53	3.88	6.36	5.1
建筑业	28	104	132	5.18	20.68	12.6
交通运输通信和仓储业	33	64	97	6.1	12.72	9.3
批发零售贸易餐饮业	169	121	290	31.24	24.06	27.8
社会服务业	66	35	101	12.2	6.96	9.7
房地产业	1	1	2	0.18	0.2	0.2
其他	46	29	75	8.5	5.77	7.2
总计	541	503	1044	100	100	100

表3.15显示了丰都县本土农民工和返乡农民工当前的工作单位类型。与对表3.13和表3.14的分析结果相似，在整个农民工群体中，绝大部分的人选择了成为个体业主或在家务农，其比例分别为59.6%和24.4%。另一个吸收劳动力的源泉是私营企业，总共有10%的农民工进入了这些企业。集体企业在解决这一时期农民工的就业上也发挥了作用，尤其对于返乡农民工来说，这是仅次于私营企业的一大去处，大约有2.19%的农民工被吸收进入这些企业。国有企业、机关团体事业单位和外资企业在解决就业上发挥的作用很小，三部门合计只吸收了1.6%的劳动力。

表 3.15　丰都县农民工当前工作单位类型

类型	本土（人）	返乡（人）	总计（人）	本土（%）	返乡（%）	总计（%）
机关团体事业单位	4	3	7	0.74	0.6	0.7
国有企业	2	4	6	0.37	0.8	0.6
集体企业	3	11	14	0.55	2.19	1.3
私营企业	34	70	104	6.28	13.92	10
外资企业		3	3	0	0.6	0.3
个体	313	309	622	57.86	61.43	59.6
在家务农	169	86	255	31.24	17.1	24.4
其他	16	17	33	2.96	3.38	3.2
总计	541	503	1044	100	100	100

3.5.2　健康状况、医疗费用与社会保障比较

表3.16显示了丰都县农民工近一年来的健康状况。从表中可以看出，绝大多数农民工健康状况良好，调查前一年并未进过医院。这一结果的出现并不让人意外，因为在农民工群体中，大多数人是青壮年人（见表3.9）。另外注意到，本土农民工相比返乡农民工，健康状况略差，完全健康的人所占比例为80.96%，低于后者的83.3%，而曾进医院治疗过的人所占比例则高于后者。如表3.9所示，这一比例分别为11.09%、2.77%和4.81%，相应高于后者的9.74%、1.79%和3.58%。不过，本土农民工中因大病或残疾导致部分丧失劳动力的人所占比例显著低于返乡农民工，而后者同时还包括完全丧失劳动力的人。这一结果出现的原因可能是部分返乡农民工在外务工期间从事的工作危险程度相对较高。

表 3.16 丰都县农民工健康状况

	本土(人)	返乡(人)	总计(人)	本土(%)	返乡(%)	总计(%)
健康，去年未进医院	438	419	857	80.96	83.3	82.1
去年进医院门诊少于 5 次	60	49	109	11.09	9.74	10.4
去年进医院门诊大于 5 次	15	9	24	2.77	1.79	2.3
去年曾住院治疗	26	18	44	4.81	3.58	4.2
去年大病或残疾，部分丧失劳动能力	2	7	9	0.37	1.39	0.9
完全丧失劳动能力	0	1	1	0	0.2	0.1
总计	541	503	1044	100	100	100

3.5.3 返乡动因、工资收入、需求以及动向

3.5.3.1 返乡动因

图 3.1 记录了丰都县返乡农民工的返乡原因。从图中可以看到，大约 24.2% 的返乡农民工因为外出务工工作难寻而选择返乡，这部分反映了当年金融危机对就业的冲击。但这并不是唯一原因，也不是主要原因。大约 22.8% 的返乡农民工在外出务工过程中积累了资金技术，萌发了自主创业的热情，选择回乡创业；另有 11.7% 的返乡农民工由于在外不能找到较高收入的工作而选择回乡。值得注意的是，有大约 36.7% 的返乡农民工是出于照顾家庭的责任而选择返乡，这一部分的人数占比也最大。显然家庭因素是影响农民工外出务工决策的一个重要因素。

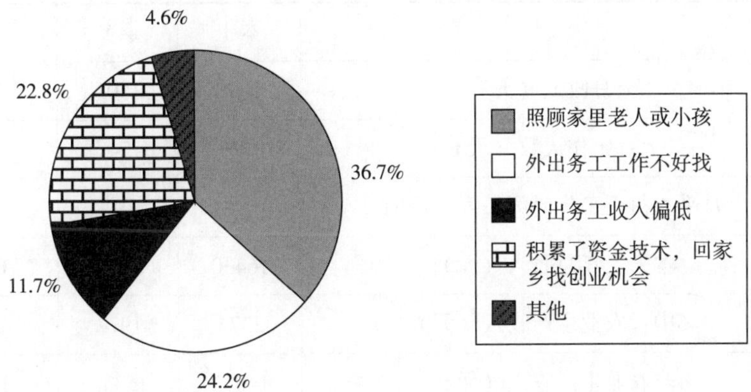

图 3.1　丰都县返乡农民工返乡原因

3.5.3.2　工资收入

表 3.17 反映了丰都县农民工的收入结构和工作时间。从表中可以看出，丰都县农民工的工作时间普遍偏长，上月工作天数平均 20 天以上，每天工作 9 小时，而上月的收入却偏低，较高的本土农民工群体也只有 1675 元。从收入结构数据可以看出，非农业生产收入已占据了农民工总收入的绝大部分，平均来看其比例超过了 85%。对于从事非农职业的农民工来说，这一结果理所当然。但注意到，对于两个农民工群体来说，仍有少部分的收入是由农业生产收入构成，这说明即使是从事非农工作，他们也不会放弃对土地的耕种。对于农民出身的他们来说，土地仍然充当着保障性的角色。平均来看，在整个农民工群体中，大约 31.6% 的劳动时间是分配于农业生产。

表 3.17 显示，返乡农民工和本土农民工上月收入和上年收入差异并不大，为了进一步验证，我们用 SPSS 软件对返乡农民工和本土农民工这两个群体做了两总体均值差异的显著性检验。检验的假设是：两总体均值相等。

表 3.17　丰都县农民工收入结构与工作时间

	本土	返乡	总计
上月收入（元）	1675	1501	1591
上月工作天数（天）	25	24	25
上月平均每天工作时间长度（小时）	9	9	9
本人上年总收入（元）	16430	17768	17075
其中：农业生产收入（元）	2374	1977	2183
非农业生产收入（元）	14052	15739	14865
上年非农业生产活动时间（天）	216	253	234
上年在家干农活时间（天）	87	60	74
上年在家休息时间（天）	53	59	56

注：本研究认为抽样调查的上年返乡农民工尚在外务工，而上月则已经返乡。因此，返乡农民工的上年收入和上月收入，分别对应其在外务工收入和本地务工收入。

首先做上月收入检验，表 3.18 结果解读：

Group Statistics 表中 N 为样本量，Mean 为均值，Std. Deviation 为标准差，Std. Error Mean 为均值标准误。Independent Sample Test 表中检验结果分两行，Equal Variances Assumed 为方差齐性（即两样本方差相等），Equal Variances Not Assumed 为方差不齐（即两样本方差不等）。方差是否齐性，由 Levene's Test for Equality of Variances 检验，结果为 $Sig = 0.009 < 0.05$，即方差不齐，应看第二行。其中，Mean Difference 为均值差；Std. Error Difference 为均值差的标准误；95% Confidence Interval of the Difference 为显著水平为 0.05 的均值差置信区间，Lower 为置信下限，Upper 为置信上限。由于 Sig.（2 - tailed）$= 0.390 > 0.05$，不拒绝两总体样本上月收入均值是相等的假设。

表 3.18　两总体上月收入均值差异显著性检验

Group Statistics					
	类别	*N*	Mean	Std. Deviation	Std. Error Mean
上月收入	0	541	1674.75	4271.7	183.655
	1	503	1501.49	1865.371	83.173

Independent Samples Test										
		Levene's Test for Equality of Variances		t - test for Equality of Means						
		F	Sig.	t	df	Sig. (2 - tailed)	Mean Difference	Std. Error Difference	95% Confidence Interval of the Difference	
									Lower	Upper
上月收入	Equal Variances Assumed	6.819	0.009	0.838	1042	0.402	173.254	206.666	-232.276	578.783
	Equal Variances Not Assumed			0.859	750.27	0.39	173.254	201.61	-222.534	569.041

接着做上年收入检验，表 3.19 结果解读：

Group Statistics 表中 N 为样本量，Mean 为均值，Std. Deviation 为标准差，Std. Error Mean 为均值标准误。Independent Sample Test 表中检验结果分两行，Equal Variances Assumed 为方差齐性（即两样本方差相等），Equal Variances Not Assumed 为方差不齐（即两样本方差不等）。方差是否齐性，由 Levene's Test for Equality of Variances 检验，结果为 Sig = 0.009 < 0.05，即方差不齐，应看第二行。其中，Mean Difference 为均值差；Std. Error Difference 为均值差的标准误；95% Confidence Interval of the Difference 为显著水平为 0.05 的均值差置信区间，Lower 为置信下限，Upper 为置信上限。上年收入检验与上月收入检验含义相同，需要指出的是方差齐

性检验 P 值为 0.285 > 0.05，认为方差是齐性的，应看第 1 行，P 值 = 0.456 > 0.05，即不拒绝两总体样本上年收入均值是相等的假设。

表 3.19 两总体上年收入均值差异显著性检验

Group Statistics					
	类别	N	Mean	Std. Deviation	Std. Error Mean
上年收入	0	541	1.64E+04	33791.574	1452.813
	1	503	1.78E+04	22601.7	1007.76

Independent Samples Test										
		Levene's Test for Equality of Variances		t-test for Equality of Means						
		F	Sig.	t	df	Sig. (2-tailed)	Mean Difference	Std. Error Difference	95% Confidence Interval of the Difference	
									Lower	Upper
上年收入	Equal Variances Assumed	1.144	0.285	-0.746	1042	0.456	-1337.423	1792.889	-4855.507	2180.661
	Equal Variances Not Assumed			-0.756	948.468	0.45	-1337.423	1768.119	-4807.302	2132.455

图 3.2 显示了丰都县返乡农民工返乡前后的收入对比情况。从图中可见，大约 18.6% 的返乡农民工返乡前收入高很多，而返乡前收入略高一点为 25.5%，有 15.2% 认为返乡后收入略高一点，还有约 34.1% 的农民工认为返乡前后收入都差不多，甚至有 4.8% 的返乡农民工认为返乡后收入高很多。返乡农民工认为收入返乡前略高一点、返乡后略高一点和都差不多的总和是 74.8%，这一结果说明，返乡农民工外出务工收入和丰都本地务工收入差距很小，基本上差不多。由此可以看出，返乡农民工由于务工收入原因而外出的激励几乎不存在。

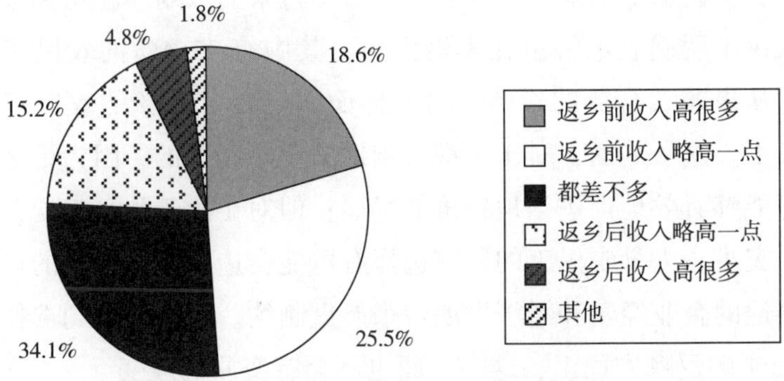

图 3.2　丰都县返乡农民工返乡前后收入对比

图 3.3 显示了丰都县返乡农民工 2009 年预计总收入与上年总收入的对比情况。从图中可以看出，返乡农民工认为返乡后收入会大幅度增加的为 1.2%，认为会小幅度增加的为 14.7%，认为都差不多的为 40.6%，认为会小幅度减少的为 28.2%，认为会大幅度减少的为 15.3%。可以看出，返乡农民工中认为返乡务工收入会小幅度增加、差不多和小幅度减少的总计 83.5%，即大部分的农民工认为返乡后不会对他们的收入造成巨大的不利影响，甚至有少部分的农民工对返乡后的收入前景表现出了乐观情绪。返乡农民工 2009 年的预计收入与现在的收入基本一致，即返乡回丰都务工收入基本无差距，或者差距非常小，在一个可以接受范围内。

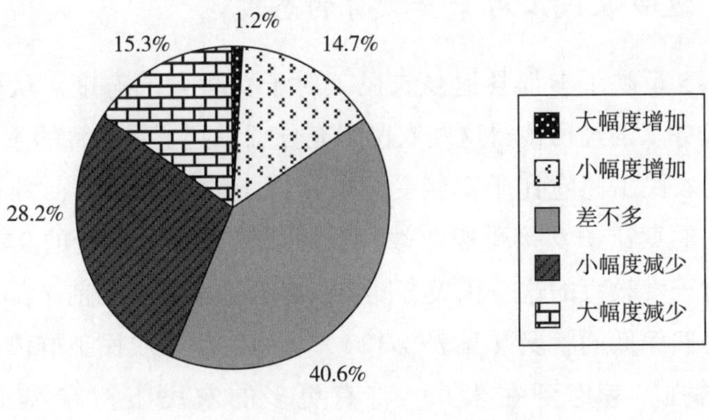

图 3.3　丰都县返乡农民工预计今年总收入与去年对比

图3.4显示了丰都县返乡农民工对于将来的计划。注意到接近60%的返乡农民工明确表示将留在本地谋生，其中有35.4%的农民工打算自主创业，从事非农行业的经营。另一方面，仅有10.9%的农民工表示还会外出务工。这一局面，对于丰都县当地来说是利好的，因为更多的高素质劳动力能够有效地促进当地经济的发展；但对于用工地区来说，这却可能是一个灾难，大量农民工的留守选择有可能会造成这些地区的用工荒，从而给当地的企业经营和经济发展带来严重制约。即使考虑到选择仍不确定的26.5%的返乡农民工，这一局面也不会有实质的改变。

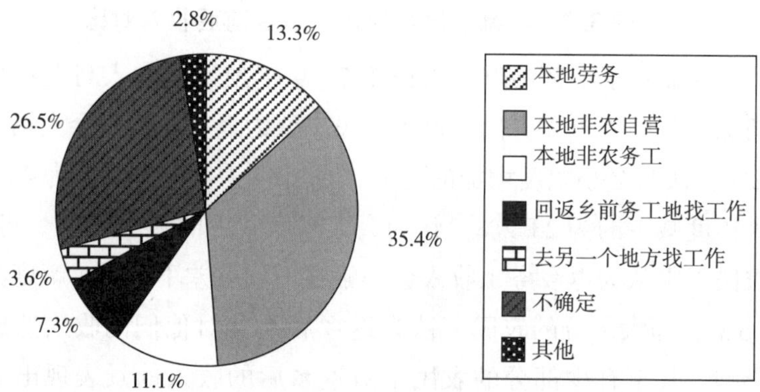

图3.4　丰都县返乡农民工今后打算

3.5.4　返乡农民工对子女教育的态度

图3.5反映了丰都县返乡农民工对子女教育的态度。从图中可以看出，外出务工的经历使得这些农民工充分意识到了受教育的重要性，大约79.6%的农民工愿意让子女接受高中及以上阶段的教育，另有约14.6%的农民工愿意让子女接受职业教育，两部分合计占总量的94.2%。返乡农民工对子女教育的这一积极态度，势必会逐渐改变当前丰都县农民工文化程度普遍偏低的状况（见表3.12），从而使整个农民工群体的就业竞争力逐步增强。考虑到在未来，将有更多的农民工留在本土务工（见图3.4），这一可喜的趋势，必将有力地推动丰都县当地经济的发展。

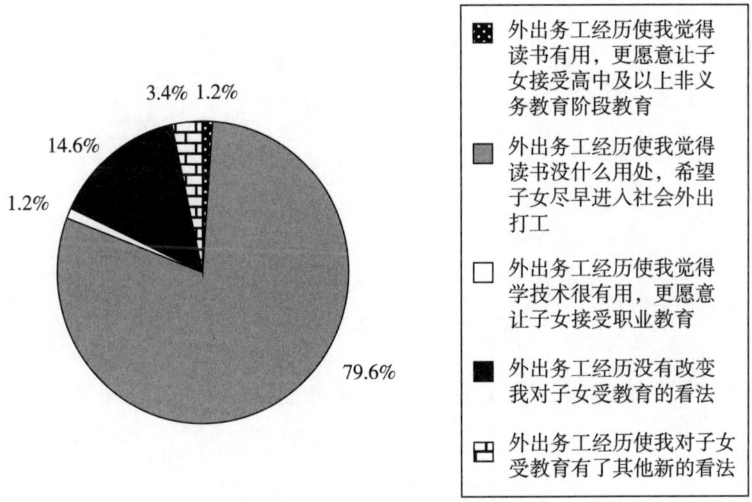

图 3.5　对子女教育的态度

3.6　本章小结

本章在介绍重庆市丰都县基本情况以及对抽样调查工作进行全面介绍的基础上，重点对调查结果进行了详尽的描述性统计分析，初步展示了调查对象——丰都县返乡农民工和本土农民工的特性与区别。值得注意的是，返乡农民工认为返乡前收入略高一点、返乡后略高一点和都差不多的总和是 74.8%，这一结果说明，返乡农民工外出务工收入和丰都本地务工收入差距很小，基本上差不多。并且，返乡农民工预计与 2008 年在外务工收入相比 2009 年在丰都的返乡务工收入会小幅度增加、差不多和小幅度减少的总计 83.5%，即大部分的农民工认为返乡后不会对他们的收入造成大的波动，甚至有部分农民工对返乡后的收入前景表现出了乐观。由此可见，返乡农民工由于务工收入原因而外出的经济激励因素几乎不存在。

4
农民工收入影响因素研究

在上一章的统计分析中，我们发现，返乡农民工外出务工收入和丰都本地务工收入间仅存在极小的差异。这一结果似乎表明农民工外出务工经历对其收入水平无显著影响。而传统的人力资本理论认为：迁移是劳动力人力资本积累的有效方式，劳动力通过迁移可以提高其工资水平（Becker，1962）。国内学者的实证研究也证实：技能投入对返乡农民工增收具有直接的影响力（陶银球，2010）。因此，对于上述貌似矛盾的研究结论，有必要进行进一步地检验。

依据劳动力市场分割理论的第二个核心假说（Ryan，1984）：劳动力市场存在流动障碍会阻碍劳动力在各子市场自由流动，因而劳动力市场是非出清的。中国劳动力市场分割却有着自身的特殊性，统计数据显示，2008 年金融危机造成的农民工失业和流动有悖于劳动力市场分割理论关于子市场间流动障碍和劳动力市场非出清假说。2008 年金融危机造成 2000 万农民工失业返乡，经济形势转暖后约 1600 万人继续外出务工，还有约 400 万农民工在户籍所属地区就业成为返乡农民工。为什么会有 400 万如此庞大的占 20% 的劳动力流动到不同地区劳动力市场就业？为什么外出务工农民工群体会出现这样的分化？这些也都是值得深入研究的问题。

基于此，本章拟在丰都县农民工抽样调查的基础上，建立农民工收入决定的经验模型，分别检验农民工外出务工经历因素及其他因素对农民工上月收入和上年收入的影响。同时，模型的实证结果也可用于佐证上文有关劳动力市场分割理论第二核心假说的论断。

4.1 样本和变量说明

4.1.1 概念界定与数据样本

本章内容中所提出的“农民工”指户籍身份还是农民、有承包土地，但主要从事非农产业、以工资为主要收入来源的人员。“返乡农民工”指拥有丰都县农村户口，曾在丰都县外务工，在调查时点返回丰都县内仍从事非农行业，以工资为主要收入来源的农村居民。“本土农民工”拥有丰都县农村户口，未曾在丰都县外务工，一直在县内从事非农行业，以工资为主要收入来源的农村居民。

以本人于2009年7月在重庆市丰都县发起并组织的农民工抽样调查数据为基础，本章建立联立方程组应用工具变量（Instrumental Variables，IV）和两阶段最小二乘法（Two－Stage Least Squares，TSLS）对数据进行了实证分析，深入研究了以下情况：(1) 农民工的收入（“上月收入”或“上年收入”）与“年龄”、“性别”、“文化程度”、“婚姻状况”、“目前工作的行业”、“健康状况”、“是否是返乡农民工”（“是否有家庭直系亲属在您外出务工之前已经外出务工”）的关系；(2) 对返乡农民工与本土农民工的收入函数分别进行了估计，并对二者的结果进行了比较；(3)“是否返乡农民工”即代表了是否有外出务工经历，本研究用这个变量来解释返乡农民工与本土农民工相比是否积累了更多的人力资本。

4.1.2 变量说明

为了使实证分析更清晰与严谨，我们对本章实证研究所涉及的“被解释变量”与“解释变量”一一进行定义。详细定义情况如下：

本章的被解释变量为

Y_1：指“上月收入”（income），Y：指“上年收入”（income）。

而解释变量为

Y_2：指“是否是返乡农民工”［back（是：0，不是：1）］；

G_1：指“年龄”（age）；

G_2：指“性别”［gender（女：0，男：1）］；

G_3：指“文化程度”（主要折算为受教育年限，edu）；

G_4：指“婚姻状况”［marry，（已婚：0，未婚：1）］；

G_5：指“目前工作的行业”（job）［其中包括八个行业，每个行业设置一个虚拟变量。具体为

G_{51}：农、林、牧、渔业（是：1，否：0）；

G_{52}：采掘业（是：1，否：0）；

G_{53}：制造业（是：1，否：0）；

G_{54}：建筑业（是：1，否：0）；

G_{55}：交通运输、通信和仓储业（是：1，否：0）；

G_{56}：批发和零售贸易、餐饮业（是：1，否：0）；

G_{57}：社会服务业（是：1，否：0）；

G_{58}：房地产业（是：1，否：0）]；

G_6：指“健康状况”[health（不健康：0，健康：1）]；

G_7：指“是否有家庭直系亲属在您外出务工之前已经外出务工”[kindred（否：0，是：1）]。

4.2 实证研究

4.2.1 实证方法选择

本章结合抽样调查样本数据，和找到影响农民工收入的因素以及农民工的外出务工经历能否形成人力资本积累并影响务工收入的研究目的，建立联立方程组使用工具变量（IV）和二阶段最小二乘法（TSLS）估计。

工具变量是指在模型估计过程中被作为工具使用，以替代模型中内生变量的变量，称为工具变量。作为工具变量，必须满足下述四个条件：一是与所替的内生解释变量高度相关；二是与随机误差项不相关；三是与模型中其他解释变量不相关；四是同一模型中需要引入多个工具变量时，这些工具变量之间不相关。

当模型有内生性（或者叫联立性）时，我们采用两阶段最小二乘法（TSLS）进行参数估计。

由于本研究所选择的变量可能存在内生性，本研究选择由工具变量（IV）和二阶最小二乘法（TSLS）建立联立方程模型来对相关因素进行实证。

4.2.2 联立方程组设定

根据2009年重庆市丰都县农民工的问卷调查问题，并考虑到本章的具体研究问题，模型设定如下：

（1）收入模型

$$income = \beta_0 + \beta_1 back + \beta_2 age + \beta_3 age^2 + \beta_4 gender + \beta_5 edu + \beta_6 marry + \beta_7 job + \beta_8 health + \mu_1$$

（2）返乡决定模型

根据经济人假设，虽然返乡的决定因素很多，但经济因素起到了决定性的作用，即返乡行为是由收入决定的，返乡收入预期越高，返乡的概率越大。因此，建立的返乡决定模型为

$$back = \alpha_0 + \alpha_1 income + \mu_2$$

结合上面的收入模型和返乡决定模型，本章的计量模型设定为如下联立方程组：

$$\begin{cases} income = \beta_0 + \beta_1 back + \beta_2 age + \beta_3 age^2 + \beta_4 gender + \\ \qquad \beta_5 edu + \beta_6 marry + \beta_7 job + \beta_8 health + \mu_1 \\ back = \alpha_0 + \alpha_1 income + \mu_2 \end{cases}$$

其中，μ_1 和 μ_2 是随机误差项，β_0 和 α_0 均为截距项，而 β_1、β_2、β_3、β_4、β_5、β_6、β_7 和 β_8 为各个变量的系数。

可以将上述计量模型变为

$$\begin{cases} Y_1 = \beta_0 + \beta_1 Y_2 + \beta_2 G_1 + \beta_3 G_1^2 + \beta_4 G_2 + \beta_5 G_3 + \\ \qquad \beta_6 G_4 + \beta_7 G_{51} + \beta_8 G_{52} + \beta_9 G_{53} + \beta_{10} G_{54} + \\ \qquad \beta_{11} G_{55} + \beta_{12} G_{56} + \beta_{13} G_{57} + \beta_{14} G_{58} + \beta_{15} G_6 + \mu_1 \\ Y_2 = \alpha_0 + \alpha_1 Y_1 + \mu_2 \end{cases}$$

4.3 回归结果及分析

由于上述设定的模型中，Y_1（income）或 Y（income）与 Y_2（back）都是内生变量，G_1（age）、G_2（gender）、G_3（edu）、G_4（marry）、G_5（job）和 G_6（health）是外生变量，而返乡收入水平与返乡决策之间存在着反馈，即内生性问题。因此，在这一情况之下，使用 OLS 对无法收入模型进行参数估计，而对返乡决定模型由于 Y_1（income）或 Y（income）与 μ_2 相关，OLS 估计值将是不一致的。为了解决使用 OLS 无法对收入模型进行参数估计，而对返乡决定模型由于 Y_1（income）或 Y（income）与 μ_2 相关，OLS 估计值将是不一致的情况，我们将 G_7（kindred）作为 Y_2（back）的工具变量（考虑是否有家庭直系亲属在该样本外出务工之前已经外出务工与是否外出存在直接关系，而与该样本本人的能力或收入水平没有联系），所以可以将 G_7（kindred）用来做 Y_2（back）的工具变量。即

$$\begin{cases} \operatorname{cov}(G_7, u_1) = 0 \\ \operatorname{cov}(G_7, back) \neq 0 \end{cases}$$

在此前提下，对于收入模型，取 G_7（kindred）与 Y_1（income）或 Y（income）的协整，设解释变量向量矩阵为 X，则

$$\operatorname{cov}\{G_7, Y_1\} = \beta \operatorname{cov}\{G_7, X\} + \operatorname{cov}\{G_7, u_1\}$$

由于 $\operatorname{cov}\{G_7, u_1\} = 0$，所以有：

$$\beta\% = \frac{\sum (G_7 - \overline{G_7})(Y_1 - \overline{Y_1})}{\sum (G_7 - \overline{G_7})(X - \overline{X})}$$

其中，$\overline{G_7} = \frac{\sum G_7}{n}$，$\overline{Y_1} = \frac{\sum Y_1}{n}$，$\overline{X} = \frac{\sum X}{n}$

在此情况下，$\beta\%$ 服从正态分布：

$$\beta\% :N\left(\beta,\frac{\sigma^2}{n\sigma_X^2\rho_X^2,G_7}\right)$$

这样就可以估计收入模型的系数，并得出系数的一致估计量。

此时，$\beta_0 = \overline{Y_1} - \beta\% \overline{X}$

模型的具体估计过程使用两阶段最小二乘法（Two Stage Least Aquare，TSLS)，该方法分两个阶段。

第一阶段，找到工具变量，模型中每个解释变量均用工具变量做最小二乘回归。

第二阶段，所有变量用第一阶段得到的拟合值代替，对原方程进行回归，这样求得的回归系数就是 TSLS 估计值，该估计值是一致估计量。

令 Z 为工具变量的数据矩阵，两阶段最小二乘的系数估计量记为

$$\beta_{TSLS} = [X'Z(Z'Z)^{-1}(Z'X)]^{-1}X'Z(Z'Z)^{-1}(Z'Y)$$

参数估计量的协方差矩阵为

$$\hat{\sum}_{TSLS} = s^2[X'Z(Z'Z)^{-1}(Z'X)]^{-1}$$

4.3.1 农民工上年收入决定因素探析

按照上面的模型说明并运用工具变量（IV）与两阶段最小二乘法（TSLS）分别对“农民工收入”（包含年龄的平方项）模型、“农民工收入”（不包含年龄的平方项）模型、“返乡农民工”模型与“本土农民工”模型进行了估计，考虑到前面将“收入”分成了“上月收入”（Y_1）与“上年收入”（Y），因此上面四个模型就变成了八个模型（表 4.1 至表 4.8 就是各自模型的估计结果）。

我们考虑到“年龄的平方项”是否存在“倒 U 形”关系（即年龄对收入而言是否存在先增后减的关系)，故将回归方程中加入该项（具体的模型估计结果见表 4.1)。

我们的调查包括“上年收入”和“上月收入”。“上年收入”是返乡农民工在金融危机返乡前在经济发达地区城镇劳动力市场务工的年工资，是本土农民工在丰都本地的上年收入。“上月收入”是返乡农民工在抽样调查时已经返乡后在丰都——经济欠发达地区城镇劳动力市场工作的月收

入，同时是本土农民工在丰都工作的月收入。其中，在实证研究中，为了消除异方差，回归模型中“上年收入”和“上月收入”均取自然对数（ln）（即“上年收入”，$\ln Y$；“上月收入”，$\ln Y_1$）。本节我们接着围绕“上年收入”与相关的影响因素进行实证分析，试图对二者进行比较（具体实证结果见表4.1至表4.4）。

表4.1 农民工上年收入模型估计结果（包含年龄的平方项）

		相关系数	标准误	t 值	概率
C（截距项）		8.510	0.760	11.190***	0.000
Y_2（是否是返乡农民工）		-0.096	0.069	-1.384	0.167
G_1（年龄）		0.005	0.014	0.377	0.706
G_{12}（年龄的平方项）		0.000	0.000	-1.248	0.212
G_2（性别）		0.382	0.062	6.125***	0.000
G_3（文化程度）		0.041	0.011	3.752***	0.000
G_4（婚姻状况）		-0.428	0.119	-3.599***	0.000
工作行业	G_{51}（农林牧渔业）	0.111	0.697	0.160	0.873
	G_{52}（采掘业）	0.238	0.744	0.320	0.749
	G_{53}（制造业）	0.575	0.702	0.820	0.413
	G_{54}（建筑业）	0.442	0.698	0.634	0.526
	G_{55}（交通运输、通信和仓储业）	0.553	0.699	0.791	0.429
	G_{56}（批发和零售贸易、餐饮业）	0.573	0.697	0.822	0.411
	G_{57}（社会服务业）	0.444	0.700	0.634	0.526
	G_{58}（房地产业）	1.219	0.854	1.427	0.154
G_6（健康状况）		0.030	0.057	0.536	0.592
修正 R^2		0.167	—	—	—
F 值		14.804***	—	—	0.000

注：上标 *** 表示在1%的置信度水平下显著。

从表4.1可知：Y_2（是否返乡农民工）对“上年收入”并无显著影响。而解释变量中显著的包括：G_2（性别）、G_3（文化程度）、G_4（婚姻状况)，表明上述几个变量对“上年收入”有显著性影响。而之前考虑到 G_{12}（年龄的平方项）是否存在“倒 U 形”关系，在实证结果中，发现该变量并不显著，因此我们去掉 G_{12}（年龄的平方项）再进行一次模型估计(具体结果见表 4.2)。

表 4.2　农民工上年收入模型估计结果（不包含年龄的平方项）

		相关系数	标准误	t 值	概率
C（截距项）		8.846	0.712	12.432***	0.000
Y_2（是否是返乡农民工）		-0.094	0.069	-1.364	0.173
G_1（年龄）		-0.012	0.003	-4.188***	0.000
G_2（性别）		0.378	0.062	6.066***	0.000
G_3（文化程度）		0.043	0.011	3.946***	0.000
G_4（婚姻状况）		-0.473	0.113	-4.171***	0.000
工作行业	G_{51}（农林牧渔业）	0.107	0.697	0.154	0.878
	G_{52}（采掘业）	0.241	0.744	0.324	0.746
	G_{53}（制造业）	0.572	0.702	0.814	0.416
	G_{54}（建筑业）	0.445	0.698	0.638	0.524
	G_{55}（交通运输、通信和仓储业）	0.549	0.699	0.786	0.432
	G_{56}（批发和零售贸易、餐饮业）	0.565	0.697	0.811	0.418
	G_{57}（社会服务业）	0.436	0.700	0.623	0.534
	G_{58}（房地产业）	1.205	0.855	1.410	0.159
G_6（健康状况）		0.032	0.057	0.558	0.577
修正 R^2		0.167	—	—	—
F 值		15.739***	—	—	0.000

注：上标 *** 表示在 1% 的置信度水平下显著。

从表 4.2 可知：解释变量中显著的有：G_1（年龄)、G_2（性别)、G_3(文化程度)、G_4（婚姻状况)，这就表明上述变量对“上年收入”有显著性影响。但是，注意到 Y_2（是否返乡农民工）对被解释变量的影响仍旧是不显著的。为进一步检验影响因素对不同农民工群体影响的差异性，我们针对返乡农民工和本土农民工，并运用最小二乘法（Least Squares）对各自的 $\ln Y_1$（收入）与 G_1（年龄）、G_2（性别）、G_3（文化程度）、G_4（婚姻状况）、G_5（工作行业）和 G_6（健康状况）进行估计，以期深入地比较二者的“上年收入”影响因素方面是否有差异。所设定的模型参照前面的“收入模型”只是去掉 Y_2（是否是返乡农民工）这个解释变量（具体估计结果分别见表 4.3 和表 4.4）。

表 4.3　返乡农民工上年收入模型估计结果

		相关系数	标准误	t 值	概率
C（截距项）		8.926	0.673	13.255***	0.000
G_1（年龄）		-0.013	0.004	-3.624***	0.000
G_2（性别）		0.347	0.085	4.075***	0.000
G_3（文化程度）		0.045	0.016	2.832***	0.005
G_4（婚姻状况）		-0.539	0.147	-3.672***	0.000
工作行业	G_{51}（农林牧渔业）	0.103	0.644	0.159	0.874
	G_{52}（采掘业）	-0.032	0.718	-0.045	0.964
	G_{53}（制造业）	0.420	0.652	0.643	0.520
	G_{54}（建筑业）	0.387	0.645	0.599	0.549
	G_{55}（交通运输、通信和仓储业）	0.491	0.647	0.759	0.448
	G_{56}（批发和零售贸易、餐饮业）	0.543	0.645	0.843	0.400
	G_{57}（社会服务业）	0.364	0.652	0.558	0.577
	G_{58}（房地产业）	1.190	0.921	1.292	0.197
G_6（健康状况）		0.092	0.078	1.188	0.236
修正 R^2		0.147	—	—	—
F 值		7.650***	—	—	0.000

注：上标 *** 表示在 1% 的置信度水平下显著。

从表 4.3 可知：解释变量中显著的有：G_1（年龄）、G_2（性别）、G_3（文化程度）、G_4（婚姻状况），这就表明上述变量对返乡农民工“上年收入”，即在经济发达地区城镇劳动力市场务工收入有显著性的影响。

表 4.4　本土农民工上年收入模型估计结果

		相关系数	标准误	t 值	概率
C（截距项）		9.851	0.800	12.308***	0.000
G_1（年龄）		-0.010	0.004	-2.572**	0.010
G_2（性别）		0.410	0.092	4.470***	0.000
G_3（文化程度）		0.044	0.015	2.892***	0.004
G_4（婚姻状况）		-0.425	0.177	-2.408**	0.016
工作行业	G_{51}（农林牧渔业）	-1.093	0.747	-1.462	0.144
	G_{52}（采掘业）	-0.631	0.860	-0.733	0.464
	G_{53}（制造业）	-0.442	0.763	-0.580	0.562
	G_{54}（建筑业）	-0.651	0.759	-0.857	0.392
	G_{55}（交通运输、通信和仓储业）	-0.599	0.757	-0.791	0.429
	G_{56}（批发和零售贸易、餐饮业）	-0.632	0.748	-0.844	0.399
	G_{57}（社会服务业）	-0.723	0.751	-0.963	0.336
	G_{58}（房地产业）	-0.645	0.737	-0.876	0.389
G_6（健康状况）		-0.018	0.083	-0.221	0.852
修正 R^2		0.145	—	—	—
F 值		8.657***	—	—	0.000

注：上标 **、*** 分别表示在 5%、1% 的置信度水平下显著。

从表 4.4 可知，解释变量中显著的有：G_1（年龄）、G_2（性别）、G_3（文化程度）、G_4（婚姻状况），这就表明上述变量对本土农民工“上年收入”，即在经济欠发达地区城镇劳动力市场务工收入有显著性影响。

综合表 4.1 和表 4.2 发现：（1）“年龄”、“性别”、“文化程度”、“婚姻状况”对农民工的“上年收入”有显著性影响；（2）“工作行业”和“健康状况”等对农民工的“上年收入”影响不显著；（3）“是否返乡农民工”对农民工的上年收入影响不大。这也表明外出务工经历（经验的累积与技能的学习，即人力资本的积累）对其上年收入影响不显著，说明返乡农民工的外出务工经历并没有比本土农民积累更多的人力资本。

综合表 4.3 和表 4.4 发现：（1）“年龄”、“性别”、“文化程度”、

"婚姻状况"对返乡农民工和本土农民工的"上年收入"有显著性影响；(2)"工作行业"和"健康状况"等对返乡农民工和本土农民工的"上年收入"影响不显著；(3)返乡农民工和本土农民工"上年收入"影响因素高度趋同。

4.3.2 农民工上月收入决定因素探析

我们的调查包括"上年收入"和"上月收入"。"上月收入"是返乡农民工在抽样调查时已经返乡后在丰都——经济欠发达地区城镇劳动力市场工作的月收入，是同一时间本土农民工在同一市场工作的月收入。本节我们接着围绕"上月收入"与相关的影响因素进行实证分析，试图对二者进行比较（具体实证结果见表4.5至表4.8）。

表4.5 农民工上月收入模型估计结果（包含年龄的平方项）

		相关系数	标准误	t 值	概率
C（截距项）		5.535	0.794	6.975***	0.000
Y_2（是否是返乡农民工）		-0.075	0.072	-1.042	0.298
G_1（年龄）		-0.004	0.014	-0.265	0.791
G_{12}（年龄的平方项）		0.000	0.000	-0.738	0.461
G_2（性别）		0.469	0.065	7.202***	0.000
G_3（文化程度）		0.029	0.012	2.551**	0.011
G_4（婚姻状况）		-0.435	0.124	-3.502***	0.001
工作行业	G_{51}（农林牧渔业）	0.902	0.727	1.240	0.215
	G_{52}（采掘业）	1.115	0.776	1.437	0.151
	G_{53}（制造业）	1.397	0.733	1.907*	0.057
	G_{54}（建筑业）	1.258	0.728	1.729*	0.084
	G_{55}（交通运输、通信和仓储业）	1.440	0.729	1.975**	0.049
	G_{56}（批发和零售贸易、餐饮业）	1.319	0.727	1.813*	0.070
	G_{57}（社会服务业）	1.199	0.730	1.641	0.101
	G_{58}（房地产业）	2.260	0.892	2.535**	0.011

续表

	相关系数	标准误	t 值	概率
G_6（健康状况）	0.039	0.039	0.059	0.665
修正 R^2	0.167	—	—	—
F 值	15.235***	—	—	0.000

注：上标 *、**、*** 分别表示在 10%、5%、1% 的置信度水平下显著。

由表 4.5 的实证结果知：(1) 解释变量中只有 G_2（性别）、G_3（文化程度）、G_4（婚姻状况）这三个变量是显著的；(2) 工作行业中 G_{53}（制造业）、G_{54}（建筑业）、G_{55}（交通运输、通信和仓储业）、G_{56}（批发和零售贸易、餐饮业）和 G_{58}（房地产业）显著；(3) Y_2（是否返乡农民工）不显著。

另外，预先考虑到的“年龄的平方项”是否存在“倒 U 形”关系这一情况，由于上述实证结果中 G_{12}（年龄的平方项）不显著，因此可以将该项去除出回归方程式。下面运用两阶段最小二乘法（TSLS）对调整过的不包含“年龄的平方项”的模型进行估计。具体模型估计结果如表 4.6 所示。

表 4.6　农民工上月收入模型估计结果（不包含年龄的平方项）

	相关系数	标准误	t 值	概率
C（截距项）	5.742	0.742	7.737***	0.000
Y_2（是否是返乡农民工）	−0.074	0.072	−1.031	0.303
G_1（年龄）	−0.014	0.003	−4.893***	0.000
G_2（性别）	0.467	0.065	7.175***	0.000
G_3（文化程度）	0.030	0.011	2.669***	0.008
G_4（婚姻状况）	−0.463	0.118	−3.909***	0.000

续表

		相关系数	标准误	t 值	概率
工作行业	G_{51}（农林牧渔业）	0.899	0.727	1.237	0.216
	G_{52}（采掘业）	1.117	0.776	1.439	0.151
	G_{53}（制造业）	1.394	0.732	1.904*	0.057
	G_{54}（建筑业）	1.260	0.728	1.731*	0.084
	G_{55}（交通运输、通信和仓储业）	1.438	0.729	1.972**	0.049
	G_{56}（批发和零售贸易、餐饮业）	1.314	0.727	1.807*	0.071
	G_{57}（社会服务业）	1.194	0.730	1.635	0.102
	G_{58}（房地产业）	2.252	0.891	2.526**	0.012
G_6（健康状况）		0.040	0.059	0.678	0.498
修正 R^2		0.168	—	—	—
F 值		16.292***	—	—	0.000

注：上标 *、**、*** 分别表示在10%、5%、1%的置信度水平下显著。

根据表4.6的实证结果可以得出：(1) 解释变量中有 G_1（年龄）、G_2（性别）、G_3（文化程度）、G_4（婚姻状况）这四个变量对 Y_1（上月收入）是显著的；(2) 工作行业中 G_{53}（制造业）、G_{54}（建筑业）、G_{55}（交通运输、通信和仓储业）、G_{56}（批发和零售贸易、餐饮业）和 G_{58}（房地产业）显著；(3) Y_2（是否返乡农民工）不显著。

综合表4.5和表4.6的实证结果发现：G_1（年龄）、G_2（性别）、G_3（文化程度）和 G_4（婚姻状况）这四个变量是显著的，Y_2（是否返乡农民工）即外出务工经历（经验的累积与技能的学习，即人力资本的积累）对其"上月收入"影响不显著。这与表4.1和表4.2结果 Y_2（是否返乡农民工）对其"上年收入"影响不显著是一致的。

同样，为检验影响因素对不同农民工群体影响差异，我们分别针对返乡农民工和本土农民工，并运用最小二乘法（Least Squares）对各自的 $\ln Y_1$（上月收入）与 G_1（年龄）、G_2（性别）、G_3（文化程度）、G_4（婚姻状况）、G_5（工作行业）和 G_6（健康状况）进行估计，以期深入地比较二者的“上月收入”影响因素方面是否有差异。所设定的模型参照前面的“收入模型”只是去掉 Y_2（是否是返乡农民工）这个解释变量（具体估计结果分别见表 4.7 和表 4.8）。

表 4.7　返乡农民工上月收入模型估计结果

		相关系数	标准误	t 值	概率
C（截距项）		5.864	0.670	8.750***	0.000
G_1（年龄）		-0.017	0.004	-4.555***	0.000
G_2（性别）		0.429	0.085	5.065***	0.000
G_3（文化程度）		0.032	0.016	1.995**	0.047
G_4（婚姻状况）		-0.440	0.146	-3.009***	0.003
工作行业	G_{51}（农林牧渔业）	0.793	0.641	1.237	0.217
	G_{52}（采掘业）	1.206	0.715	1.686*	0.092
	G_{53}（制造业）	1.139	0.649	1.755*	0.080
	G_{54}（建筑业）	1.168	0.642	1.820*	0.069
	G_{55}（交通运输、通信和仓储业）	1.343	0.644	2.086**	0.038
	G_{56}（批发和零售贸易、餐饮业）	1.251	0.642	1.949*	0.052
	G_{57}（社会服务业）	1.018	0.649	1.569	0.117
	G_{58}（房地产业）	2.276	0.917	2.483**	0.013
G_6（健康状况）		0.128	0.077	1.661*	0.097
修正 R^2		0.192	—	—	—
F 值		10.192***	—	—	0.000

注：上标 *、**、*** 分别表示在 10%、5%、1% 的置信度水平下显著。

根据表 4.7 针对返乡农民工的实证结果可以得出：（1）解释变量中有 G_1（年龄）、G_2（性别）、G_3（文化程度）、G_4（婚姻状况）等变量对 Y_1（上月收入）是显著的；（2）工作行业中 G_{53}（制造业）、G_{54}（建筑业）、G_{55}（交通运输、通信和仓储业）、G_{56}（批发和零售贸易、餐饮业）和 G_{58}（房地产业）显著；（3）G_6（健康状况）对 $\ln Y_1$（上月收入）是显著的。

表 4.8　本土农民工上月收入模型估计结果

		相关系数	标准误	t 值	概率
C（截距项）		7.725	0.856	9.025***	0.000
G_1（年龄）		−0.014	0.004	−3.452***	0.001
G_2（性别）		0.505	0.098	5.143***	0.000
G_3（文化程度）		0.033	0.016	2.000**	0.046
G_4（婚姻状况）		−0.538	0.189	−2.847***	0.005
工作行业	G_{51}（农林牧渔业）	−1.115	0.799	−1.395	0.164
	G_{52}（采掘业）	−1.135	0.919	−1.234	0.218
	G_{53}（制造业）	−0.367	0.816	−0.450	0.653
	G_{54}（建筑业）	−0.650	0.812	−0.800	0.424
	G_{55}（交通运输、通信和仓储业）	−0.566	0.809	−0.699	0.485
	G_{56}（批发和零售贸易、餐饮业）	−0.736	0.800	−0.920	0.358
	G_{57}（社会服务业）	−0.801	0.803	−0.998	0.319
	G_{58}（房地产业）	−0.545	0.811	−0.672	0.452
G_6（健康状况）		−0.040	0.089	−0.451	0.652
修正 R^2		0.142	—	—	—
F 值		8.446***	—	—	0.000

注：上标 ** 、*** 分别表示在 5%、1% 的置信度水平下显著。

根据表 4.8 针对本土农民工的实证结果可以得出：（1）解释变量中有 G_1（年龄）、G_2（性别）、G_3（文化程度）、G_4（婚姻状况）等变量对 $\ln Y_1$（上月收入）是显著的；（2）G_5（工作行业）都不显著；（3）G_6（健康状况）对 $\ln Y_1$（上月收入）不显著。

综合表 4.7 和表 4.8，可以得出如下结论：（1）G_1（年龄）、G_2（性别）、G_3（文化程度）、G_4（婚姻状况）等变量对农民工的 $\ln Y_1$（上月收入）是显著的；（2）工作行业中 G_{53}（制造业）、G_{54}（建筑业）、G_{55}（交通运输、通信和仓储业)、G_{56}（批发和零售贸易、餐饮业）和 G_{58}（房地产业）对返乡农民工上月收入影响显著，工作行业对本土农民工上月收入影响不显著；（3）G_6（健康状况）对返乡农民工上月收入影响显著，对本土农民工上月收入影响不显著。

4.3.3 农民工收入决定因素比较及分析

按照本章的模型说明并运用IV与两阶段最小二乘法（TSLS）分别对农民工、返乡农民工和本土农民工“上年收入”和“上月收入”实证的结果发现影响收入的因素有明显的区别。表4.9将之前表4.1至表4.8的8个实证结果汇总，其中表4.1至表4.4是农民工上年收入实证显著性结果，表4.5至表4.8是农民工上月收入实证显著性结果，表4.1、表4.2、表4.5和表4.6是农民工群体的实证显著性结果，表4.3和表4.7是返乡农民工收入显著性结果，表4.4和4.8是本土农民工收入实证显著性结果。

表4.9 农民工收入影响因素显著性结果汇总

项目 \ 表	表4.1	表4.2	表4.3	表4.4	表4.5	表4.6	表4.7	表4.8
C（截距项）	***	***	***	***	***	***	***	***
Y_2（是否是返乡农民工）								
G_1（年龄）		***	***	**		***	***	***
G_{12}（年龄的平方项）								
G_2（性别）	***	***	***	***	***	***	***	***
G_3（文化程度）	***	***	***	***	**	***	**	**
G_4（婚姻状况）	***	***	***	**	***	***	***	***

续表

项目 \ 表		表 4.1	表 4.2	表 4.3	表 4.4	表 4.5	表 4.6	表 4.7	表 4.8
工作行业	G_{51}（农林牧渔业）								
	G_{52}（采掘业）							*	
	G_{53}（制造业）					*	*	*	
	G_{54}（建筑业）					*	*	*	
	G_{55}（交通运输、通信和仓储业）					**	**	**	
	G_{56}（批发和零售贸易、餐饮业）					*	*	*	
	G_{57}（社会服务业）								
	G_{58}（房地产业）					**	**	**	
G_6（健康状况）								*	
修正 R^2		0. 167	0. 167	0. 147	0. 145	0. 167	0. 168	0. 192	0. 142
F 值***		14. 804	15. 739	7. 650	8. 657	15. 235	16. 292	10. 192	8. 446

注：上标 * 、** 、*** 分别表示在 10%、5%、1% 的置信度水平下显著。F 值全部在 1% 置信度水平内，P 值 0. 000，标***。

通过对农民工收入决定因素结果比较发现：（1）Y_2（是否返乡农民工）即在经济发达地区城镇劳动力市场外出务工经历（经验的累积与技能的学习，即人力资本的积累）对农民工的“上年收入”与“上月收入”影响不显著。（2）G_1（年龄）、G_2（性别）、G_3（文化程度）、G_4（婚姻状况）等变量对农民工、返乡农民工和本土农民工的“上年收入”和“上月收入”影响显著，说明这些因素对收入的影响是个共性现象。（3）工作行业中 G_{53}（制造业）、G_{54}（建筑业）、G_{55}（交通运输、通信和仓储业）、G_{56}（批发和零售贸易、餐饮业）和 G_{58}（房地产业）对农民工及返乡农民工上月收入影响显著，工作行业对本土农民工上月收入影响不显著。（4）G_6（健康状况）对返乡农民工上月收入影响显著，对本土农民工上月收入影响不显著。

本书的调查数据显示，返乡农民工与本土农民工在年龄、受教育程度、性别、婚姻状况、工作行业以及职业等方面都不存在显著差异。现有的调查研究发现：把人口特征和收入因素排除在外，返乡农民工与本土农民工相比的重要差别就是有外出务工经历，返乡农民工经历了一个由欠发达地区农村劳动力市场向发达地区城镇劳动力市场转移，再由发达地区城镇劳动力市场向欠发达地区城镇劳动力市场转移的过程。而本土农民工直接由经济欠发达地区农村劳动力市场流动到本地的欠发达地区城镇劳动力市场。经典的人力资本积累理论（Lucas，2004）认为劳动力迁移是积累人力资本的重要方式，依据传统人力资本积累理论，返乡农民工迁移的过程会比本土农民工积累更多的人力资本。我们从劳动力市场分割理论和人力资本积累理论视角分析我们的实证结果。

第一，返乡农民工的外出务工经历对在经济发达地区城镇劳动力市场务工收入影响不显著说明：返乡农民工的外出务工经历并不是积累人力资本的有效途径，返乡农民工并没有在经济发达地区城镇劳动力市场积累人力资本。返乡农民工的外出务工经历对在经济欠发达地区城镇劳动力市场务工收入的影响不显著也说明：返乡农民工在经济发达地区城镇劳动力市场的务工经历没有积累人力资本；同时也可以说明：返乡农民工在经济发达地区城镇劳动力市场的务工经历并没有比本土农民工在经济欠发达地区城镇劳动力市场积累更多的人力资本。究其原因，2008 年金融危机造成的返乡农民工群体应该是在经济发达地区城镇劳动力市场中处于低端子市场的农民工群体，因此本研究也证明了劳动力市场分割理论第三个核心假说中关于新古典人力资本理论在较低端子市场中的适用性不强。

第二，依据劳动力市场分割理论第二个核心假说 Ryan（1984），劳动力市场存在流动障碍会阻碍劳动力在各子市场自由流动，因而劳动力市场是非出清的。我们观察到 2008 年金融危机造成 2000 万农民工失业并回流到户籍所在地，经济形势转暖后约 1600 万人继续外出务工，还有约 400 万人回流农民工在户籍所在地区就业成为返乡农民工。上述现象表明 2008 年金融危机在我国造成的农民工流动现象有悖于劳动力市场分割理论的第二个核心假说：一是有约2000万失业农民工从经济发达地区向经济欠发达地区流动，经济形势转暖后有约1600万人又从经济欠发达地区向经济发达地区流动，这说明我国劳动力市场中的农民工有特殊性，可以在不同地区的劳动力子市场间自由流动。二是有约400万农民工从经济发达地区城镇劳动力市场向经济欠发达地区城镇劳动力市场流动，这显示金融危机造成了地区分割的劳动力市场的出清，表现为经济发达地区城镇劳动力市场向经济欠发达地区城镇劳动力出清。三是结合在本章实证结果显示返乡农民工是在经济发达地区没有积累人力资本的群体，说明我国劳动力市场地区分割对其中农民工劳动力的出清是将没有积累人力资本的农民工出清。

2008年金融危机造成的农民工流动与国外劳动力市场分割理论关于失业和流动的看法相悖，Doringer 和 Piore（1971），Smith 和 Zenou（1997）认为经济衰退期劳动力会从主要劳动力市场向次级劳动力市场流动，二元劳动力市场是“内生”的并且与劳动力市场的大规模失业密切相关。本研究的结果及分析说明，农民工的存在使得我国地区分割的劳动力市场有着特殊性，农民工可以在不同地区的子市场流动，并且劳动力市场存在出清。具体表现为在经济衰退或者有较大变化时，农民工可以在不同地区城镇劳动力市场流动；与发达国家失业劳动力由主要劳动力市场向二级劳动力市场相比，我国城镇劳动力市场有特殊的出清方式，表现为发达地区城镇劳动力市场向欠发达地区劳动力市场出清，出清的人群是在发达地区城镇劳动力市场没有积累人力资本的农民工群体。

农民工为什么能够在不同子市场自由流动？国内学者如赖德胜（1996），蔡昉（1998），王德文（2001）都认为我国劳动力市场分割主要属于制度性分割，导致劳动力市场分割的主要因素有：户籍制度以及由户籍制度引发的养老、医疗、住房、子女教育等一系列社会保障制度。确实制度性因素阻碍了最初的农民工流动，但户籍制度等制度因素阻碍是劳动力从欠发达地区农村劳动力市场向发达地区城镇劳动力市场的流动，随着经济发展地区差距缩小和产业转移导致欠发达地区城镇劳动力市场迅速发展，并逐渐缩小与发达地区城镇劳动力市场的差距，户籍制度等制度性因素反而推动了农民工从发达地区城镇劳动力市场向户籍所在地的欠发达地区城镇劳动力市场回流。

第三，2008 年金融危机后约 1600 万农民工在经济形势转暖后继续外出务工，一个可能的原因是这个群体是在经济发达地区城镇劳动力市场积累了人力资本的群体；或者根据主要劳动力市场劳动者失业后到二级市场就业被视为低生产率信号学说（Ryan，2001），失业的农民工中一部分，可能继续回到经济发达地区城镇劳动力市场寻找工作或者在经济发达地区城镇劳动力市场自愿失业。

4.4 本章小结

本章通过建立联立方程组使用工具变量（IV）和两阶段最小二乘法（TSLS）验证了影响农民工收入的因素包括年龄、性别、文化程度、婚姻状况和行业因素，实证结果发现外出务工经历并不是积累人力资本的有效形式。我国农民工流动现象，有悖于劳动力市场分割理论关于存在流动障碍会阻碍劳动力在各子市场自由流动和劳动力市场是非出清的第二个核心假说。由于农民工的存在，使我国地区分割的劳动力市场有着特殊性，农民工可以在不同地区的子市场流动，并且劳动力市场存在出清，出清的人群是在发达地区城镇劳动力市场没有积累人力资本的农民工群体。

5 劳动力市场分割背景下农民工收入差距分解

改革开放30多年来，由于中国经济和社会结构的深刻变迁，随之而来的是巨大的地区差距和贫富差距。许多研究者投入大量时间和精力收集整理了一些反映中国居民收入情况的微观抽样调查数据，这些数据为深入理解中国目前的收入分配差异情况提供了依据。然而，大量对中国居民收入问题的实证研究往往停留在计算全体居民收入分配差异大小程度上，缺乏针对特定人群收入分配结构的深入探讨和定量分析。

本研究第2章文献综述梳理了中国劳动力市场分割及劳动力市场地区分割效应显著且呈现不断加强趋势的文献。这些研究证明了劳动力市场分割的第一个核心假说——整个劳动力市场可分为少数几个明显不同的子市场。然而，对于第三个核心假说——不同子市场中的工资决定和劳动力配置机制各不相同且新古典人力资本理论在较低端子市场中的适用性不强还缺乏有效论证。国内外劳动力市场分割实证主要是建立人力资本模型、转换回归模型，运用因子分析法、最小二乘法，方差分析法等参数估计方法分析了年龄、受教育程度、性别、工作类型、是否接受过职业培训、就业的行业以及工作单位的性质七种主要因素，作为对劳动力市场分割的依据或者是不同劳动力市场工资定价机制的重要因素。尚未见到（罕有）使用泰尔指数等不平等指数非参数方法进行研究的文献。

作为对前人研究的补充，本章从劳动力市场分割理论视角出发，运用泰尔指数分解方法针对以上七个主要因素，使用返乡农民工与本土农民工抽样调查数据，来分析农民工在不同地区劳动力市场收入水平和结构差异，同时来检验劳动力市场分割理论第三个核心假说：不同子市场中的工资决定和劳动力配置机制各不相同且新古典人力资本理论在较低端子市场中的适用性不强。本章用泰尔指数这个新的方法，从劳动力市场分割这个新的角度，来分析和解释2008年金融危机造成的农民工失业和流动，并进一步验证劳动力市场的第三个核心假说。

5.1 样本数据与变量说明

5.1.1 样本数据

本书使用的数据是由本人发起，和丰都县统计局和国家统计局丰都调查队于2009年7月按照全国1%人口抽样调查方法共同组织，由国家统计局丰都调查队负责全国1%人口抽样调查的专业队伍具体实施的丰都县返乡农民工调查数据。调查样本覆盖丰都县全部30个乡镇，共计发放调查问卷1200份，其中面向返乡农民工和本土农民工各发放600份。问卷回收共计1193份，回收率99.42%。在根据问卷填写质量和研究目的对无效问卷进行剔除后，剩余有效问卷1044份，有效率87.51%。

5.1.2 变量说明

本章将调查样本按年龄、受教育程度、性别、工作类型、是否接受过职业培训、就业的行业以及工作单位的性质七种主要人口特征对农民工进行分组，从而计算出基于人口特征分组的收入差距，以及得到相应的组内和组间差距。

5.2 研究方法选择

收入不平等是一个很重要的问题。从道德上讲，人们很容易将其与不公平联系起来；从政治及社会稳定层面来看，严重的收入不平等是犯罪、社会冲突和不稳定的一个重要根源；同样地，收入不平等也具有重要的经济内涵，它会影响人力资本的积累、储蓄以及消费等，例如富人和穷人的边际消费倾向就不一样。收入不平等似乎又是一个不可避免的问题，因为西方发达国家和中国近三十年的发展经验都表明收入不平等会随着经济发展水平的提高而增加。因此正确的理解和度量收入不平等就显得很重要。为此经济学家提出了很多的度量方法，而其中常用且最重要的有基尼系数、GE 指数和泰尔指数。

5.2.1 基尼系数

衡量收入不平等的指标很多，基尼系数（Gini Coefficient）就是一个被广泛运用的指标。基尼系数也称为洛仑兹系数，由意大利经济学家基尼根据洛仑兹曲线于 1922 年提出的定量测定收入分配差异程度的指标。该系数可在 0 和 1 之间取任何值。收入分配越是趋向平等，洛仑兹曲线的弧度越小，基尼系数也越小，反之，收入分配越是趋向不平等，洛仑兹曲线的弧度越大，那么基尼系数也越大。根据联合国的惯例：基尼系数低于 0.2 表示收入绝对平均；0.2～0.3 表示比较平均；0.3～0.4 表示相对合理；0.4～0.5 表示收入差距较大；0.6 以上表示收入差距悬殊。但基尼系数按人口特征分组分解后各组成部分的解释不尽清晰，尤其是基尼系数分解后组内差距和组间差距相互不独立，产生的一个交叉项无法精确地解释，通常情况下无法用于分解不同人口特征分组的组内和组间收入差距。

5.2.2 GE 指数

广义熵指数（Generalized Entropy Index）是与基尼系数类似的衡量收入分配差距的指标，由于其易于按不同人口特征分组进行分解并计算组内收入差距与组间收入差距各自的贡献，可以被广泛应用于收入群体分解。广义熵指数最早由 Shorrocks（1980，1982，1984）提出并详细讨论该指数的性质。其计算公式为

$$I(y) = \begin{cases} \sum_{i=1}^{n} p(y_i)\left[\left(\frac{y_i}{\mu}\right)^c - 1\right] \cdots\cdots\cdots\cdots c \neq 0,1 \\ \sum_{i=1}^{n} p(y_i)\left(\frac{y_i}{\mu}\right)\log\left(\frac{y_i}{\mu}\right) \cdots\cdots\cdots\cdots c = 1 \\ \sum_{i=1}^{n} p(y_i)\log\left(\frac{\mu}{y_i}\right) \cdots\cdots\cdots\cdots c = 0 \end{cases}$$

(5.1)

其中，n 是分组个数，y_i是第 i 组的人均收入，μ 是所有观测样本收入的平均值，$p(y_i)$ 第 i 组的人口占总人口的比重。当 c 等于 0 或 1 时，广义熵指数就是泰尔（1967）所介绍的不平等的度量值——泰尔指数（Theil Index）；$c=0$ 时，称为零阶泰尔指数；$c=1$ 时，称为一阶泰尔指数；当 $c=1-\varepsilon$（$\varepsilon<1$）时，广义熵指数等同于阿特金森指数（Atkinson Index）；当 $c=2$ 时，为变异系数（Coefficient of Variation）的平方根。

5.2.3 泰尔指数

泰尔指数（Theil Index）是一个衡量经济不平等的统计量，由计量经济学家 Henri Theil（1967）所提出。泰尔指数是广义熵指数的特殊情形。事实上，在广义熵指数族中运用得最多的也是泰尔指数。泰尔指数不但具有基尼系数所具有的优良性质如比例独立性（Scale Independence，即所有收入加倍，基尼系数不变）、人口独立性（Population Independence，即基尼系数与样本大小无关）以及 Pigou – Dalton 转移原则等，而且利用泰尔指数可以将总的差距分解为组内差距和组间差距，特别是组内差距和组间差距相互独立，因此可以将总的差距完全分解到组内和组间，清晰、准确地得到组内和组间差距各自对总差距的贡献率。这是泰尔指数与基尼系数等其他指标相比最大的优点。下面具体给出泰尔指数的计算方法。

如果把所有观测样本分为 M 组，那么泰尔指数就可以用以下的方法来分解总体收入不平等。

$$I(y) = \sum_{i=1}^{M} p(y_i)I(y_i) + \sum_{i=1}^{M} p(y_i)\log[p(y_i)/w(y_i)] \qquad (5.2)$$

第Ⅰ项（组内差距）　第Ⅱ项（组间差距）

上述公式右边第Ⅰ项代表组内差距，第Ⅱ项代表组间差距；$I\ (y_i)$ 是第 i 组组内的泰尔指数，可以利用（1）式中 $c=0$ 的公式计算；$w\ (y_i)$ 是第 i 组的收入占总收入的比重。

具体到本章，我们要比较的是返乡农民工与本地农民工两个群体的收入差距问题，因此组内差距计算公式为

$$T'(y_j) = \sum_{i=1}^{4} p_i(y_j) \ln \frac{w_i(y_j)}{p_i(y_j)} \tag{5.3}$$

其中，$p_i(y_j)$ 和 $w_i(y_j)$ 分别表示第 i 分组在群体 j 中的人口比例和收入比例，$j=1$ 表示返乡农民工，$j=2$ 表示本土农民工；而 $p(y_1)$ 和 $p(y_2)$ 分别表示返乡农民工和本土农民工人口占总人口的比重，$w(y_1)$ 和 $w(y_2)$ 分别表示返乡农民工和本土农民工收入占总收入的比重。

5.2.4　计算方法选择

基尼系数是最先用来度量收入不平等的指标，具有一些良好的性质，如比例独立性（Scale Independence，即所有收入加倍，基尼系数不变）、人口独立性（Population Independence，即基尼系数与样本大小无关）以及 Pigou－Dalton 转移原则等。但基尼系数在处理得到的数据在数量和类型上也不能满足分析不平等问题的需要，例如按人口特征分组分解后，基尼系数对各组成部分的解释不尽清晰。特别地，基尼系数分解后组内差距和组间差距相互不独立，产生的一个难以精确解释的交叉项，因此不是一个按人口特征分组分解的好指标（徐宽，2003；李虎，2005）。

相比之下，泰尔指数可以将总的差距分解为相互独立的组内差距和组间差距，因此可以将总的差距完全分解到组内和组间，清晰、准确地得到组内和组间差距各自对总差距的贡献率。基于数据特征和研究目的，本研究选用泰尔指数来度量收入不平等并按不同人口特征分组进行收入群体分解。

5.3 泰尔指数分解计算结果及分类比较分析

为了分析比较返乡农民工与本土农民工的在不同城镇劳动力市场的收入差异，本节通过使用泰尔指数来衡量居民个人收入的不平等程度。将调查样本按年龄、受教育程度、性别、工作类型、是否接受过职业培训、就业的行业以及工作单位的性质七种主要人口特征对农民工进行分组，从而计算出基于人口特征分组的收入差距，以及得到相应的组内和组间差距，最后对返乡农民工与本土农民工在这些方面的差别进行比较。

由于农民工的收入存在较大的短期波动，本研究在研究中分别使用上年收入和上月收入计算泰尔指数，避免使用年度数据对居民直接感受到的月度收入分配差距的低估，同时通过年度数据反映长期收入分配情况。需要说明的是，返乡农民工的上年收入为其在经济发达地区城镇劳动力市场的务工收入，而返乡农民工的上月收入就是其返乡后在丰都县——经济欠发达地区城镇劳动力市场的工资收入，也可以从侧面反映不同地区劳动力市场之间的收入差距。

需要说明的是：(1) 本研究也对 2009 年 7 月丰都抽样调查的描述性统计数据进行了分析，由于篇幅原因描述性统计数据表格就不一一列出。(2) 本研究对泰尔指数的计算详细过程在 5. 3. 1 中作演示，其他分类中则只给出结算结果。

5. 3. 1 基于年龄特征的泰尔指数及其分析

劳动力市场分割理论指出年龄是决定市场分割和个人收入的重要因素之一，不同年龄段的人由于工作经验和工作性质的不同，即使从事相同的工作获得的收入回报往往也存在差异。

表 5.1 基于年龄分组的统计数据（上年收入）

单位：%

		人口结构		收入结构	
		返乡农民工	本土农民工	返乡农民工	本土农民工
组内结构（岁）	30 以下	12.5	5.4	16.5	10.1
	31 ~ 40	46.1	27.2	47.3	31.3
	41 ~ 50	32.0	38.9	29.2	34.9
	51 以上	9.3	28.5	7.0	23.8
组间结构		49.79	50.21	50.31	49.69

表 5.2 基于年龄分组组内泰尔指数计算过程（上年收入）

序号	$p_i(y_1)$ 返乡农民工	$p_i(y_2)$ 本土农民工	$w_i(y_1)$ 返乡农民工	$w_i(y_2)$ 本土农民工	$p_i(y_1)\ln\frac{w_i(y_1)}{p_i(y_1)}$ 返乡农民工	$p_i(y_2)\ln\frac{w_i(y_2)}{p_i(y_2)}$ 本土农民工
1	12.5%	5.4%	16.5%	10.1%	0.034449	0.033558
2	46.1%	27.2%	47.3%	31.3%	0.012064	0.037816
3	32.0%	38.9%	29.2%	34.9%	−0.029941	−0.041599
4	9.3%	28.5%	7.0%	23.8%	−0.026789	−0.052112
组内差距合计					−0.010217	−0.022338
绝对值					0.010217	0.022338

表 5.3 基于年龄分组测算的泰尔指数（上年收入）

	T'	w	差距	贡献率（%）
返乡农民工	0.010216967	49.79%	0.0050870	31.10
本土农民工	0.022337647	50.21%	0.0112157	68.57
组内差距合计			0.0163028	99.67
组间差距			0.0000541	0.33
总体差距			0.0163568	100

表5.4 基于年龄分组测算的泰尔指数（上月收入）

	T'	w	差距	贡献率（%）
返乡农民工	0.010254265	49.79%	0.0051056	26.46
本土农民工	0.028152593	50.21%	0.0141354	73.26
组内差距合计			0.0192410	99.72
组间差距			0.0000541	0.28
总体差距			0.0192951	100

按照年龄分组泰尔指数计算结果可知：（1）在返乡农民工群体中，30岁以下这个群体的上年收入差距最大，究其原因，主要是由于这一年龄段的劳动力在受教育水平和行业等方面存在较大的差异，例如，九年义务教育的实施使30岁以下农民工的教育水平一般高于他们的长辈。返乡农民工的上年收入是在外出务工地收入，同样也说明，在30岁以下在经济发达地区城镇劳动力市场务工工资收入水平差别大于丰都工资水平。（2）返乡农民工上年收入组内泰尔指数中，30岁以下群体明显有别于30岁以上群体，40岁以上和50岁以上农民工泰尔指数明显趋同。（3）在本土农民工中，30岁以下和31～40岁这两个群体上月收入泰尔指数趋同，但是均值差距较大约400元。41～50岁和50岁以上这两个群体上月收入泰尔指数趋同，但均值差距只有100元左右，说明40岁是本土农民工收入的一个分水岭，40岁以前是本土农民工在本土务工的高收入“黄金年龄”。（4）计算结果中最重要的信息是基于上年收入计算出来的结果与基于上月收入数据计算得到的结果是一致的，本土农民工和返乡农民工之间的泰尔指数很小，即组间差距远远小于组内差距。无论是返乡农民工还是本土农民工群体，他们的泰尔指数都较低，即农民工之间的收入差距不是很明显；同时组间差距远远小于组内差距，也就是说从年龄视角来看在不同地区城镇劳动力市场务工对整个农民工群体的收入差距影响小。

5.3.2 基于教育程度的泰尔指数及其分析

根据劳动力市场分割理论，教育程度的高低会对个人收入产生重要影响（Doeringer 和 Piore，1971；Dickens 和 Lang，1985），受教育程度越高的人越有可能获得高收入的就业机会，因为受教育程度在一定程度上反映了个人能力的大小。

表 5.5　按教育程度分组的泰尔指数（上年收入）

	T'	w	差距	贡献率（%）
返乡农民工	0.021697884	49.79%	0.0108034	81.57
本土农民工	0.004755297	50.21%	0.0023876	18.03
组内差距合计			0.0131910	99.59
组间差距			0.0000541	0.41
总体差距			0.0132451	100

表 5.6　按教育程度分组的泰尔指数（上月收入）

	T'	w	差距	贡献率（%）
返乡农民工	0.009081414	49.79%	0.0045216	24.91
本土农民工	0.027043081	50.21%	0.0135783	74.80
组内差距合计			0.0181000	99.70
组间差距			0.0000541	0.30
总体差距			0.0181540	100

而由泰尔指数计算结果可知：（1）教育程度的高低对返乡农民工的上年收入差距影响大于对本土农民工的影响，前者的组内泰尔指数贡献率为81.57%，大于后者的组内泰尔指数，这也说明教育程度的影响对在经济发达地区城镇劳动力市场务工非常明显，能够拉大不同教育程度外出农民工收入差距。（2）按照上月收入计算得到的结果，返乡农民工组内泰尔指数贡献率下降为24.91%，本土农民工的组内泰尔指数大于返乡农民工的组内泰尔指数，本土农民工的泰尔指数贡献率为74.80%。这种明显的升降变化的原因应该说明，受教育程度对在像丰都这样的经济欠发达地区城镇劳动力市场务工影响不显著。（3）不管是根据上年收入还是上月收入计算得到的泰尔指数都表明，组内差距是本土农民工和返乡农民工收入差距的主导因素，这表明，教育程度差异对在不同劳动力市场务工的两个农民群体之间的收入差距影响不显著，对子群体内部收入差异影响显著。

教育程度对返乡农民工在上年收入差距和上月收入差距影响的明显变化，暗示着在经济发达地区城镇劳动力市场务工（对应于上年收入）和在经济欠发达地区城镇劳动力市场务工（对应于上月收入）之间存在着截然不同的人力资本定价机制，说明地区劳动力市场分割导致人力资本定价机制存在地区差异。外出务工过程中的劳动回报与受教育程度紧密相关，是劳动力市场表现出的正常现象，高的受教育程度与高的人力资本水平相联系，进而带来较高的收入水平，缺乏教育经历的外出务工人员无法进入对技能要求更高的就业岗位，收入水平也相对较低。从第3章图3.5可以看出，外出务工的经历使得这些农民工充分意识到了受教育的重要性，大约79.6%的农民工愿意让子女接受高中及以上阶段的教育，返乡农民工对子女教育的这一积极态度，说明返乡农民工由于外出务工经历学习了不同地区劳动力市场工资定价机制的地区差异，并改变了对教育的观念，会加大对子女的教育投资从而提高子女的人力资本积累，会逐渐改变当前丰都县农民文化程度普遍偏低的状况，为向发达地区劳动力市场输送劳动力提供人才储备。

5.3.3 基于性别分组的泰尔指数及其分析

劳动力市场分割理论认为性别差异是影响收入的一个重要因素（Dickens 和 Lang，1988；Hiebert，1999；Reid 和 Rubin，2003；Dong 等，2003；Qian，1996；Gustafsson 等，2000；Liu 等，2000；Hughes 等，2002；Bishop 等，2005），通常是男性收入高于女性收入（Démurger 等，2007；Ng，2007；杨菊华，2008），但是随着经济水平的提高，性别差异的作用将会减弱甚至消失。

表5.7 按性别分组的泰尔指数（上年收入）

	T'	w	差距	贡献率（%）
返乡农民工	2.30941E-06	49.79%	0.0000011	0.02
本土农民工	0.013878952	50.21%	0.0069686	99.21
组内差距合计			0.0069698	99.23
组间差距			0.0000541	0.77
总体差距			0.0070239	100

表 5.8 按性别分组的泰尔指数（上月收入）

	T'	w	差距	贡献率（%）
返乡农民工	0.000868614	49.79%	0.0004325	6.81
本土农民工	0.011678391	50.21%	0.0058637	92.34
组内差距合计			0.0062962	99.15
组间差距			0.0000541	0.85
总体差距			0.0063503	100

泰尔指数的计算结果也表明男女收入差距还是比较小的：（1）按性别分组的组内泰尔指数很小，不管是基于上年收入还是上月收入。（2）返乡农民工上年收入泰尔指数贡献率为0.02%，上月收入泰尔指数贡献率为6.81%，表明在发达地区城镇劳动力市场务工性别差异造成的收入差距几乎可以忽略不计，说明在经济发达地区基本消灭性别歧视实现了同工同酬，而如丰都这样的欠发达地区恰恰相反。（3）本土农民工按照性别分组的上年收入和上月收入的贡献率都非常大为99.21%和92.34%，说明由于性别差异而导致的本土农民工男性和女性的收入差异较大，由于丰都是经济欠发达地区，这说明在欠发达城镇劳动力市场性别差异能够扩大不同性别的收入差异。

如果考虑到返乡就业的职业分布，上述性别带来的收入分配差异就更容易理解。从表5.9可以发现，返乡农民工与本地农民工在就业职业上存在明显区别的两类职业分别为建筑工人和个体业主。返乡农民工从事建筑工人职业的比重高于本地农民工，由于建筑行业体力劳动量大而进入门槛较低，大量在金融危机背景之下返乡的农民工为了就业选择进入建筑业，而建筑业中男女之间的性别差异带来的收入差异相当明显，进而使返乡农民工由于性别带来的收入差异凸显。本土农民工从事个体业主职业的比重高于返乡农民工，这主要是由于从事个体经营需要一定的资金和社会关系网络门槛，且男性从事个体经营率更高，因而带来了本土农民工在性别因素带来的收入分配差异较大。其他的就业职业中本土农民工和返乡农民工进入的机会基本一致，没有带来两个群体在性别影响因素上的明显差异。

表 5.9 返乡农民工与本地农民工的职业分布

职业	总数			占总数百分比		
	本土	返乡	总计	本土	返乡	总计
管理人员	10	8	18	1%	0.8%	1.8%
技术人员	25	34	59	2.4%	3.3%	5.7%
生产工人	38	41	79	3.6%	3.9%	7.5%
建筑工人	26	96	122	2.5%	9.2%	11.7%
商贸服务人员	50	36	86	4.8%	3.4%	8.2%
家政服务人员	9	8	17	0.9%	0.8%	1.7%
居民服务人员	27	10	37	2.6%	1%	3.6%
个体业主	210	149	359	20%	14.3%	34.3%
灵活就业人员	61	75	136	5.8%	7.2%	13%
其他	85	46	131	8.1%	4.4%	12.5%
总计	541	503	1044	51.7%	48.3%	100%

性别差异类对返乡农民工在上年收入差距影响极小而上月收入差距影响显著扩大。性别差异对收入差异影响的明显变化也显示在经济发达地区城镇劳动力市场（对应于上年收入）和在经济欠发达地区城镇劳动力市场（对应于上月收入）之间存在着截然不同的人力资本定价机制，说明劳动力市场分割导致人力资本定价机制存在地区差异。外出务工过程中的劳动回报与性别差异几乎无关，说明性别不是经济发达地区城镇劳动力市场工资定价机制的主导因素。农民工在丰都务工由于性别差异而导致的收入差异，说明性别是经济欠发达地区城镇劳动力市场工资定价的主导因素，男性由于比女性获得更高的收入，导致了收入差距。

5.3.4 基于工作类型的泰尔指数及其分析

从本研究使用的抽样调查数据来看，个体业主和体力劳动是农民工的主要就业选择，而技术性和管理性职位仍然还是很低的。结合农民工的知识水平，这也是不难理解的。在市场经济条件下，收入水平更能体现出个人能力的高低，适当的收入差距扩大能够激发人的潜力，提高经济活动的效率，对中国经济的发展起到了促进作用。

表 5.10 按工作类型分组的泰尔指数（上年收入）

	T'	w	差距	贡献率（%）
返乡农民工	0.01663673	49.79%	0.0082834	22.62
本土农民工	0.056335159	50.21%	0.0282859	77.23
组内差距合计			0.0365693	99.85
组间差距			0.0000541	0.15
总体差距			0.0366234	100

表 5.11 按工作类型分组的泰尔指数（上月收入）

	T'	w	差距	贡献率（%）
返乡农民工	0.012677341	49.79%	0.0063120	15.93
本土农民工	0.066245783	50.21%	0.0332620	83.94
组内差距合计			0.0395741	99.86
组间差距			0.0000541	0.14
总体差距			0.0396281	100

根据泰尔指数计算结果，我们可以看出：（1）返乡农民工的收入不平等还是显著地低于本土农民工的收入不平等，事实上后者是前者的3倍多。一个可能的推论是劳动力的自由流动或者说外出务工一定程度上有助于农民工群体收入水平差距的收敛。（2）返乡农民工的组内差距在返乡前和返乡后差别不大。（3）不管是按上年收入还是上月收入计算，组内差距都远远地大于组间差距，也就是在欠发达地区城镇劳动力市场和发达地区城镇劳动力市场工作类型对农民工群体的收入差距几乎没有影响。

5.3.5 基于培训分组的泰尔指数及其分析

职业培训与教育一样，也是一种人力资本投资，因此培训对收入水平也有重要的影响。泰尔指数分解结果显示：（1）不管是基于上年收入还是上月收入，本土农民工的泰尔指数比返乡农民工的泰尔指数要高。这么大的差异应该与前面按工作类型的结果差异相同，因为外出农民工接受到的培训一般具有更强的针对性，往往是职业前的培训，同时不同地区城镇劳动力市场在产业结构与水平上的不同所引起的用工与工资差异也是一个可能的原因。（2）基于上月收入和上年收入计算的组内泰尔指数显著不同，特别是返乡农民工的上年收入组内泰尔指数贡献率为 13.03%，返乡后上月收入泰尔指数贡献率显著增大了 43.02%，这说明培训能够消除外出务工农民工在经济发达地区城镇劳动力市场工资收入差距，而能够提高在经济欠发达地区城镇劳动力市场的工资收入差距。（3）不管是按上年收入还是上月收入计算，组间差距都远远地小于组内差距，也就是说不同城镇劳动力市场因为培训对农民工群体的收入差距几乎没有影响，差距只是存在于子群体内部。

表 5.12　按培训情况分组的泰尔指数（上年收入）

	T'	w	差距	贡献率（%）
返乡农民工	0.005105358	49.79%	0.0025420	13.03
本土农民工	0.033692289	50.21%	0.0169169	86.70
组内差距合计			0.0194589	99.72
组间差距			0.0000541	0.28
总体差距			0.0195129	100

表 5.13　按培训情况分组的泰尔指数（上月收入）

	T'	w	差距	贡献率（%）
返乡农民工	0.514317988	49.79%	0.2560789	43.02
本土农民工	0.675372982	50.21%	0.3391048	56.97
组内差距合计			0.5951837	99.99
组间差距			0.0000541	0.01
总体差距			0.5952378	100

5.3.6　基于行业分组的泰尔指数及其分析

按行业分组的泰尔指数计算结果表明：（1）按行业划分，本土农民工的泰尔指数显著地高于返乡农民工的泰尔指数。究其原因，本土农民工中有一部分人是个体商业户或自己创业，收入一般相对较高。这么大的差距还是可能的同时社会资本如社会关系网络在起作用，由于返乡农民工多年在外，因此他们返乡后，不能及时建立起社会关系；相反地，本土农民工长期在丰都县工作，因此他们已经建立起较高的社会资本。（2）本土农民工群体中，制造业、房地产业和社会服务业从业者的收入远远高于农林牧渔者的收入，这也会拉大农民工之间的收入差距。（3）不管是按上年收入还是上月收入计算，组间差距都远远地小于组内差距，也就是说不同地区城镇劳动力市场的行业对农民工群体的收入差距几乎没有影响。

表 5.14　按行业情况分组的泰尔指数（上年收入）

	T'	w	差距	贡献率（%）
返乡农民工	0. 03992606	49. 79%	0. 0198792	27. 22
本土农民工	0. 105760897	50. 21%	0. 0531025	72. 71
组内差距合计			0. 0729817	99. 93
组间差距			0. 0000541	0. 07
总体差距			0. 0730358	100

表 5.15　按行业情况分组的泰尔指数（上月收入）

	T'	w	差距	贡献率（%）
返乡农民工	0. 104863474	49. 79%	0. 0522115	26. 70
本土农民工	0. 285418239	50. 21%	0. 1433085	73. 28
组内差距合计			0. 1955200	99. 97
组间差距			0. 0000541	0. 03
总体差距			0. 1955741	100

5.3.7　基于工作单位的泰尔指数及其分析

按工作单位分组的泰尔指数计算结果表明：（1）返乡农民工与本土农民工之间的泰尔指数存在明显的差别，事实上，按照上年收入计算，后者是前者的5倍多。或许这归因于国家西部大开发与丰都县本身的城市化过程，因为丰都县本土的经济环境有了大幅度的改善，因而能够促进创业和就业。一个延伸的结论是，外出农民工的数量将随着这一过程的深化将逐步减少，因为他们在本土就能够获得相当不错的收入水平。（2）基于上年收入和上月收入的泰尔指数变化不是很大。（3）不管是基于上年收入还是上月收入计算，返乡农民工和本土农民工群体的组间差距都远远小于组内差距，也就是说不同城镇劳动力市场因为工作单位对农民工群体的收入差距几乎没有影响，收入差距只是存在于子群体内部。

表5.16　按工作单位类型分组的泰尔指数（上年收入）

	T'	w	差距	贡献率（%）
返乡农民工	0.028912882	49.79%	0.0143957	18.21
本土农民工	0.128690109	50.21%	0.0646153	81.72
组内差距合计			0.0790110	99.93
组间差距			0.0000541	0.07
总体差距			0.0790651	100

表5.17　按工作单位类型分组的泰尔指数（上月收入）

	T'	w	差距	贡献率（%）
返乡农民工	0.041769545	49.79%	0.0207971	25.85
本土农民工	0.118695343	50.21%	0.0595969	74.08
组内差距合计			0.0803940	99.93
组间差距			0.0000541	0.07
总体差距			0.0804481	100

5.4　本章小结

本研究使用泰尔指数这个新的方法从劳动力市场分割这个新的角度来

研究丰都县返乡农民工和本土农民工基于人口特征的收入差异结构，力图从劳动力市场角度发现影响返乡农民工流动决策的影响因素。研究发现，返乡农民工和本土农民工群体的组间差距都远远小于组内差距，发现返乡农民工返乡前和返乡后收入与返乡农民工与本土农民工务工收入也基本无差异。泰尔指数分解及相关检验发现，受教育程度是经济发达地区劳动力市场工资决定和劳动力配置机制的决定因素，对务工收入影响显著并能扩大收入差异；性别差异是经济欠发达地区劳动力市场工资决定和劳动力配置机制的决定因素，对务工收入影响显著。综上所述，本章运用泰尔指数分解方法验证了劳动力市场分割理论三个核心假说中的第一个整个劳动力市场可分为少数几个明显不同的子市场的假说，和第三个不同子市场中的工资决定和劳动力配置机制各不相同，新古典人力资本理论在较低端子市场中的适用性不强的假说。

6
农民工流动决策影响因素

本研究在第 3 章的样本描述部分通过对抽样数据的统计分析，对丰都县农民工的特征作了基本的统计，并对各类因素进行了初步地归纳和分析，但是并不能说明各种因素对农民工流动的相关影响程度，并且这些因素的作用机理和对流动产生的影响不清晰。

经过第 4 章对丰都县返乡农民工与本土农民工的对比研究，我们发现在发达地区劳动力市场和欠发达地区劳动力市场的收入影响因素差异不明显，影响劳动力收入的主要因素是年龄、文化程度、性别、婚姻状况和所在行业。农民工的流动不存在较大的障碍，劳动力市场存在出清并且出清的人群是没有积累人力资本的群体。尽管劳动力市场分割的情况比较明显，但对农民工流动的影响不大，在这种情况下，到底是市场机制还是农民工自身原因决定农民工的流动，有必要进行深入研究。

经过第 5 章的研究，验证了我国劳动力市场地区分割和不同子市场中的工资决定和劳动力配置机制各不相同，新古典人力资本理论在较低端子市场中适用性不强。研究发现我国不同地区的劳动力市场存在着不同的工资决定和劳动力配置机制，以受教育程度为代表的人力资本积累是经济发达地区劳动力市场工资决定和劳动力配置机制的决定因素，以性别差异而导致的体力差异所代表的人力资本，是经济欠发达地区劳动力市场工资决定和劳动力配置机制的决定因素。也就是说，从市场的角度对劳动力配置和工资决定所看重的两个因素是：受教育程度和性别。

至此，我们仍然不清楚在农民工流动的微观个体决策层面，到底是什么因素来决定农民工的流动？市场机制与农民工个体决策机制是否存在一致性？因此，有必要使用回归来进一步判断各种样本特征对农民工流动决策的影响，进而通过比较农民工决策影响因素和劳动力市场工资决定和劳动力配置机制影响因素，来找出市场机制和劳动力自身决策的差异。只有宏观的市场配置机制和有针对性的政策指引与微观的个体的流动决策因素有较为显著的一致性，才能构建高效匹配的劳动力配置机制，利用好日益宝贵的劳动力资源，实质性地解决从民工潮到民工荒的农民工流动问题。

6.1 研究基础

随着微观计量经济学的发展，学术界对农民工流动决策问题的研究更注重实证分析。就流动的个体而言，新古典经济学假定个人是流动的最小单位，性别、年龄、受教育水平以及所拥有的社会资本存量是影响个体流动决策的主要变量。实际研究中，许多学者发现个人决策不仅受个人预期收入的影响，往往与家庭有着很大关系，并开始分析家庭福利最大化条件下的迁移决策行为（Stark，1991）；王德文等（2008）从理论上论述人力资本、社会资本对农民工跨省迁移选择决策的影响；王智强等（2011）研究发现：婚姻状况、健康、娱乐偏好等变量对农村劳动力的迁移决策有比较显著的影响，而当前收入的影响并不明显。白积洋（2009）认为人力资本积累与流入地工作匹配程度决定了流入地的选择，社会资本存量决定了其集聚的程度，段成荣（2001）、周皓（2006）、唐家龙，马忠东（2007）从地区社会经济制度等宏观环境层面分析对人口跨省迁移的影响。在流动的选择性方面，易君健等（2007）将个人、家庭特征、就业途径和户籍等变量纳入模型，检验了各种变量对农民工就业过程中3种部门选择的影响程度，得出搜寻渠道和人力资本对农民工迁移就业中的部门选择影响显著，而家庭特征变量的影响不明显。但也有学者认为家庭类型、社区经济水平和地形对农民工就业空间选择有着显著影响（高更和，2009）。

从研究内容看，多数文献侧重于流动决策（流动与不流动）或两种流动选择决策的形成机理及其影响因素的研究，对多种选择决策问题的对比研究相对较少，多种影响因素作用下的劳动力市场分割下的市场作用机制与农民工的个体流动决策问题的对比研究还有待进一步深入。虽然之前的研究有一定的理论价值，但始终无法清晰地发现农民工流动因素的对比差异。从研究方法看，大部分研究使用的是二元离散变量回归模型，如周皓（2006）使用的条件 Logit 模型以及易君健等（2007）的多项选择 Logit 模型等。这些研究都具有一定的借鉴意义，为本文的研究提供了较好的思路与借鉴。

结合前人的研究和我们第 3 章的工作，本文将农民工流动决策过程与相关影响因素概括为图 6.1 和图 6.2。

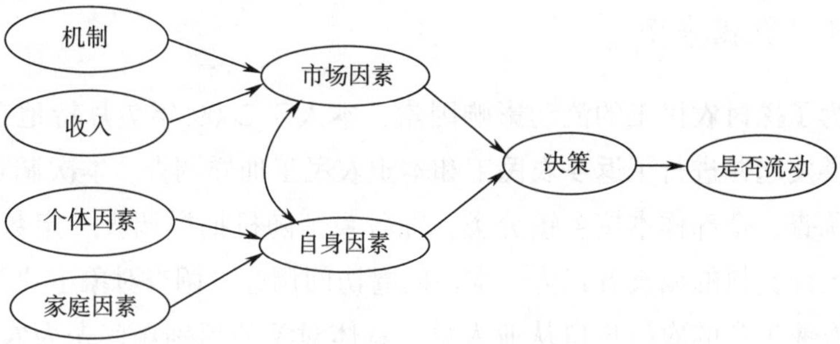

图 6.1　农民工流动决策分析框架示意图

为了直观地显示学术界对农民工流动决策影响因素的分布，通过上述九篇引用参考文献对农民工的流动影响因素的分析，发现年龄、性别、教育、职业、单位性质、行业、婚姻是影响农民工流动决策的主要影响因素，它们的具体分布情况如图 6.2 所示，图 6.2 中每一个相应的影响因素颜色代表出现过的次数，环状的大小代表研究人员认为该影响因素的权重。

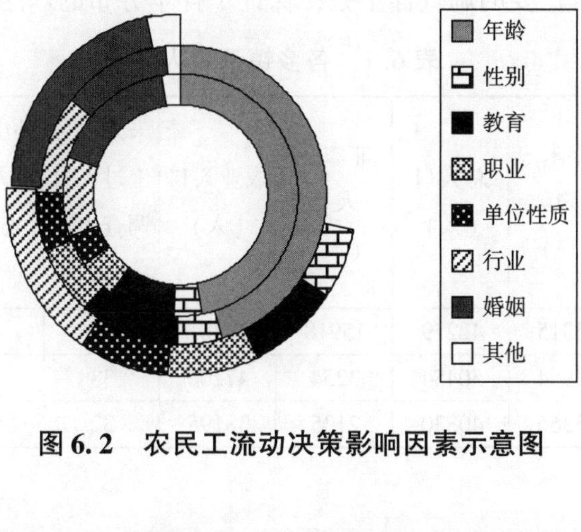

图 6.2　农民工流动决策影响因素示意图

6.2 数据来源及变量说明

6.2.1 数据来源

为了探讨农民工的流动影响因素，本人于2009年7月特地在重庆市丰都县发起并进行了返乡农民工和本土农民工抽样调查。本次调查为分层抽样调查，全部样本按乡镇分类，在各乡镇随机抽样调查一定数量样本。收集统计资料的调查方式为一次性问卷访问调查。调查对象主要为全县从事非农业生产的农村户口从业人员，具体对象的甄别：首先为农村户口，但同时满足以下条件之一就作为本次调查对象，一是本县内从事非农业生产的从业人员，包括本县内务工、二三产业个体经营；二是反包土地种植，养殖等第一产业，但不包括只从事自家的家庭承包土地农业生产。

调查总样本数为1200人，按全县30个乡镇的农业人口比例和农业人口在城镇从业的人数确定。外出务工和非外出务工人数占各乡镇农业人口的比例为0.08%～0.12%。每个乡镇调查样本量见表6.1，各乡镇按实际情况在本乡镇内各村随机抽样调查，并按农业人口和从业人员集中情况，分配各村（居）委的调查样本数，保证了样本分布的广泛性和随机性。

表6.1 各乡镇调查人数表

乡镇名称	年末总户数（户）	总人口（人）	非农业人口（人）	农业人口（人）	未外出务工过人员调查人数（人）	外出务工过人员调查人数（人）	调查人数占农业人口的比重（%）
名山镇	15315	42279	15918	26361	32	32	0.12
社坛镇	14954	50454	3254	47200	38	38	0.08
十直镇	13366	40330	2135	38195	32	32	0.08

续表

乡镇名称	年末总户数（户）	总人口（人）	非农业人口（人）	农业人口（人）	未外出务工过人员调查人数（人）	外出务工过人员调查人数（人）	调查人数占农业人口的比重（%）
高家镇	14389	43451	14885	28566	34	34	0.12
兴义镇	12177	37769	1499	36270	30	30	0.08
龙河镇	14629	51270	3308	47962	38	38	0.08
三合镇	38161	116152	89922	26230	42	42	0.16
虎威镇	8160	24840	1117	23723	20	20	0.08
树人镇	9696	28794	1586	27208	23	23	0.08
董家镇	9847	32659	1754	30905	26	26	0.08
包鸾镇	9292	29689	1380	28309	24	24	0.08
三元镇	6406	22844	812	22032	18	18	0.08
青龙乡	4198	13885	446	13439	11	11	0.08
双龙场乡	6395	21131	711	20420	17	17	0.08
仁沙乡	8721	32258	855	31403	26	26	0.08
崇兴乡	5592	20375	587	19789	16	16	0.08
保合镇	8078	26644	717	25927	22	22	0.08
湛普镇	3540	9869	1442	8427	7	7	0.08
双路镇	6102	18565	2069	16496	14	14	0.08
龙孔乡	8461	26620	687	25933	22	22	0.08
江池镇	5089	17657	1075	16582	14	14	0.08
武平镇	4808	17216	949	16267	14	14	0.09
许明寺镇	5842	19743	1133	18610	15	15	0.08
三建乡	3763	13903	381	13522	11	11	0.08
栗子乡	3734	12759	427	12332	10	10	0.08
三坝乡	3775	13520	360	13160	11	11	0.08
南天湖镇	4572	17577	457	17120	14	14	0.08
暨龙乡	3624	13248	330	12918	11	11	0.09
都督乡	1247	4361	152	4209	4	4	0.10
太平坝乡	1319	4541	145	4396	4	4	0.09
总计	255252	824404	150493	673911	600	600	0.09

6.2.2 变量设定

本书从微观层面上对丰都县农民工流动影响因素问题进行研究，由于一些因素特征不够明显，将其从样本中剔除。在我们选择分析的影响因素中，对于丰都县农民工的流动，得到了1044个观察值，并结合各因素的特征量，利用Logit模型对迁移的影响因素进行实证分析。本书在构建丰都县农民工意愿计量经济模型时，选择了3类10个变量，模型变量说明如表6.2所示。

表6.2 模型变量解释说明及其统计特征

模型变量	变量含义
流动决策者特征	
G_{21}	指“年龄”（age）
G_{22}	指“性别”［gender（女：0，男：1）］
G_{31}	指“文化程度”（主要折算为受教育年限，edu）
G_{5}	指“婚姻状况”［marry（已婚：0，未婚：1）］
2. 流动决策者收入	
LNG_{14}	指“上月收入”（income）
LNG_{17}	指“上年收入”（income）
3. 流动者所在的行业	
G_{73}	制造业（是：1，否：0）
G_{74}	建筑业（是：1，否：0）
G_{75}	交通运输、通信和仓储业（是：1，否：0）
G_{77}	社会服务业（是：1，否：0）

本研究以西奥多·舒尔茨为代表的效益最大化理论为理论基础，并借鉴国内外学者相关方面的研究成果，将影响农民工流动的影响因素假设为：个人特征变量包括性别、年龄、文化程度、婚姻状况，在已有的相关研究中被认同为在农民工流动决策中的影响因素，性别、年龄、文化程度、婚姻状况有明显的选择性，这些个人特征变量在已有的相关研究中表

现出对农民工的个体流动决策有影响。为了进一步与劳动力市场分割影响因素进行对比，我们选择了农民工的收入包括上月收入和上年收入，农民工所在的行业我们选择了制造业、建筑业、交通运输行业、社会服务业等几个变量进行回归分析。本书进一步的研究点在于关注丰都县农民工样本的实证会出现什么结果以及与第 5 章的市场影响因素研究的对比会出现什么结果。

本章针对以上相关因素的初步假设为：

性别：从性别的角度看，男性农民工往往是农村家庭的顶梁，面临着更大的维持家庭生计压力和社会压力，所以男性有着更强烈的外出务工的意愿，而女性农民工则较容易受到家庭生活的影响，从而使得外出务工意愿受到一定程度的影响。

年龄：年龄越小，接受新鲜事物能力越强，同时他们也更希望走出农村去向城市，改变自己的生活方式和生活环境的意愿越强；年龄越大，外出务工的顾虑就越多，外来文化的影响边际效益递减，同时他们的体力也逐渐降低。

受教育程度：受教育程度与农民工流动的意愿呈正相关，即文化程度越高的农民工接受新事物的能力就越强，他们的视野就越开阔，得到工作的机会就越多，流动务工的收入就越高，所以他们流动的意愿就越强烈。

婚姻状况：农民工的婚姻状况包括两方面。一方面是家庭因素，如照顾年迈的父母、小孩教育等，这与外出务工意愿呈负相关；另一方面是生活压力因素，他们选择外出流动务工，他们的生活将会有什么样的影响，其家庭生活压力状况与外出流动务工的意愿呈正相关。

收入变化：如果流动引起收入增加的可能性越大，农民工流动的意愿就越强烈相反，如果流动引起收入减少的可能性越大，农民工流动的意愿就会随着收入减少的程度下降。

就业的行业：我们选用的几个行业都是农民工的传统就业充分的行业，其行业发展状况对农民工的影响很大，就业的状况是农民工的工作的保障，收入的来源，如果一个行业收入较高，没有太多的进入壁垒，农民工就愿意流动；如果行业收入低，或者进入壁垒较高，农民工就不愿意流动。

6.3 农民工流动决策 Logit 模型设定

本书研究的是农民工微观层面的个体流动决策影响因素，农民工在进行流动决策时，会理性地综合衡量各方面因素，从而作出最佳选择。本研究第 2 章已经对劳动力市场分割理论和农民工流动决策相关影响因素进行了梳理，目前在国内外学术界 Logit 模型及 Probit 模型被广泛运用于离散选择决策，且这二类模型的实证结果比较近似。Logit 模型是将逻辑（Logistic）分布作为随机误差项的概率分布的一种离散型选择模型，适用于按照效用最大化原则所进行的选择行为的分析。从统计学分析的角度，Logit 模型的整体概率总是会落在 0 ~ 1，在丰都县农民工的抽样样本中，我们使用 Logit 模型和 Probit 模型同时进行农民工流动决策影响因素的实证分析。

本研究采用 Logistic 概率函数变换就得到了 Logit 模型。设定农民工的流动 Y 是一个 0，1 变量，因变量农民工流动发生的概率是依赖于解释变量，即 $P(Y=1)=f(X)$，也就是说，$Y=1$ 的概率是一个关于 X 的函数，其中，f 服从标准正态分布。以农民工流动决策为对象，设因变量 Y 有 0 和 1 两个选择，由自变量 X 来决定选择的结果。鉴于线性概率模型的各种困难，为了便于农民工流动选择问题的研究，首先建立随机效用模型：

令 $U_i^1=\alpha^1+\beta^1X_i+\mu_i^1$ 表示农民工选择流动 $y_i=1$ 的效用，$U_i^0=\alpha^0+\beta^0X_i+\mu_i^0$ 表示农民工选择不流动 $y_i=0$ 的效用，显然当 $U_i^1>U_i^0$ 时，选择结果为 1，反之为 0。将两个效用相减，即得随机效用模型

$$U_i^1-U_i^0=(\alpha^1-\alpha^0)+(\beta^1-\beta^0)X_i+(\mu_i^1-\mu_i^0)$$

记为

$$y_i^*=\alpha+\beta X_i+\varepsilon_i \tag{6.1}$$

当 $U_i^1 > U_i^0$ 时，$y_i^* > 0$，则个体 i 选择 $y_i = 1$ 的概率为

$$P(y_i = 1) = P(y_i^* > 0) = P(\alpha + \beta X_i + \varepsilon_i > 0) = P(\varepsilon_i > -\alpha - \beta X_i)$$

若 ε_i 的概率分布为 Logistic 分布，则有

$$P(y_i = 1) = P(\varepsilon_i > -\alpha - \beta X_i) = 1 - P(\varepsilon_i \leqslant -\alpha - \beta X_i) = 1 - F(-\alpha - \beta X_i) = F(\alpha + \beta X_i) = \frac{e^{\alpha + \beta X_i}}{1 + e^{\alpha + \beta X_i}}$$

即

$$P(y_i = 1) = \frac{e^{\alpha + \beta X_i}}{1 + e^{\alpha + \beta X_i}} \tag{6.2}$$

通常 Logit 选择模型的参数估计通常使用最大似然估计法，即令似然函数

$$L = \mathrm{Prob}(y_1)\mathrm{Prob}(y_2)\cdots\mathrm{Prob}(y_n) = \prod_{i=1}^{n} P(y_i = 1)^{y_i}(1 - P(y_i = 1))^{(1-y_i)}$$

再求似然函数 L 的对数值最大时的参数估计量。

对式（6.2）进行适当的变换，得

$$\log \frac{P(y_i = 1)}{1 - P(y_i = 1)} = \log \frac{\dfrac{e^{\alpha + \beta X_i}}{1 + e^{\alpha + \beta X_i}}}{1 - \dfrac{e^{\alpha + \beta X_i}}{1 + e^{\alpha + \beta X_i}}} = \log^{e^{\alpha + \beta X_i}} = \alpha + \beta X_i$$

即

$$\log \frac{P(y_i = 1)}{1 - P(y_i = 1)} = \alpha + \beta X_i \tag{6.3}$$

式（6.2）与式（6.3）是等价的，而且更易于解释，式中，$\frac{P(y_i = 1)}{1 - P(y_i = 1)}$ 为农民工作出流动决策 1 的机会比（Odds），式中的因变量是机会比（Odds）的自然对数，参数 β 的含义为自变量 X 每增加一个单位机会比（Odds）的自然对数增加的数值。在多类别选择模型中，通常也是以机会比的自然对数（Log - odds）作为因变量建立关于自变量 X

的线性模型。

6.4 农民工流动决策 Logit 模型的实证及分析

6.4.1 回归模型分析

表 6.3 是用计量经济学分析软件 Eviews6.0，对样本数据进行 Logit 回归处理后的结果。

表 6.3 农民工流动决策 Logit 回归结果

变量	系数	标准误	Z 值	概率
C	0.3230	1.0149	0.3182	0.7503
G_{21}	-0.0735***	0.0086	-8.5464	0.0000
G_{22}	-0.1739	0.1898	-0.9162	0.3595
G_{31}	-0.0382	0.0336	-1.1370	0.2555
G_5	0.6571*	0.3533	1.8596	0.0629
LNG_{14}	-0.2046	0.1284	-1.5928	0.1112
LNG_{17}	0.4103***	0.1348	3.0425	0.0023
Mean dependent var	0.4818	S. D. dependent var		0.4999
S. E. of regression	0.4759	Akaike info criterion		1.2940
Sum squared resid	234.9371	Schwarz criterion		1.3272
Log likelihood	-668.4750	Hannan - Quinn criter.		1.3066
Restr. log likelihood	-722.9539	Avg. log likelihood		-0.6403
LR statistic (6 df)	108.9578	McFadden R - squared		0.2793
Probability (LR stat)	0.0000			

从表 6.3 给出的分析结果可以看到：

G_{21}：指“年龄”（age）；丰都县农民工的年龄与流动决策的影响是密

切相关的，通过了显著性检验，而且是负相关的，说明年龄越大的农民工越不愿意流动，而年轻的农民工比较愿意流动。

G_{22}：指“性别”［gender（女：0，男：1）］；没有通过显著性检验，说明性别对农民工流动决策影响不显著。原因在于低端劳动力市场收入差距不明显，说明随着我国的经济结构调整，二三产业蓬勃发展，特别是第三产业发展速度很快，传统产业结构下的性别收入差异开始缩小，导致性别因素不明显。

G_{31}：指“文化程度”（主要折算为受教育年限，edu）；没有通过显著性检验，说明受教育程度差异对农民工流动决策的影响不显著，这一结果印证了劳动力市场分割理论关于人力资本积累在低端劳动力市场不明显的假说，说明我国的经济结构在低端劳动力市场的表现仍以体力劳动劳动为主，文化程度对农民工流动决策影响不大。

G_5：指“婚姻状况”［marry，（已婚：0，未婚：1）］；通过了显著性检验，说明婚姻状况对农民工流动的影响较大，受传统观念的影响，家庭在农民工的价值体系中的地位是比较重要的，结婚的农民工更愿意流动，来发现获得更高收入的机会，更好地照顾家庭。

LNG_{14}：指“上月收入”（income）虽然没有通过显著性检验，但是在10%显著性左右。说明上月收入可能与农民工流动决策存在一定的相关性，且是负相关。

LNG_{17}：指“上年收入”（income）上年收入与农民工流动决策相关性显著，且为正相关，上年收入越高则农民工越愿意流动，说明只要经济发达地区的劳动力市场能够给农民工带来更好的机会和发展空间，能使农民工获得更高的收入，并且是更高的长期收入，农民工的供给会增加。

图6.3 Logit回归模型残差图显示回归的绝大多数点落在（-2，+2）区间之内，只有很少的几个样本落在（-2，+2）区间之外，说明回归拟合较为充分，没有出现系统性偏差，样本的随机误差项不具有异方差性，通过检验。

相应地，我们做了Probit模型验证见表6.4，结果显示Probit模型的结果显著性与Logit模型差不多。

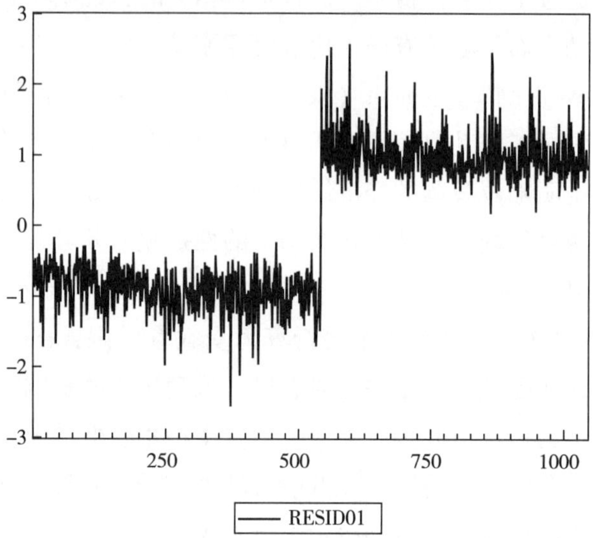

图 6.3　Logit 回归模型残差图

表 6.4　Probit 回归结果

变量	系数	标准误	Z 值	概率
C	0.2172	0.6175	0.3517	0.7251
G_{21}	-0.0450***	0.0051	-8.8143	0.0000
G_{22}	-0.1096	0.1173	-0.9344	0.3501
G_{31}	-0.0230	0.0205	-1.1198	0.2628
G_5	0.4042*	0.2127	1.9001	0.0574
LNG_{14}	-0.1266	0.0783	-1.6157	0.1061
LNG_{17}	0.2499***	0.0816	3.0591	0.0022
Mean dependent var	0.4818	S. D. dependent var		0.4999
S. E. of regression	0.4759	Akaike info criterion		1.2939
Sum squared resid	234.9398	Schwarz criterion		1.3271
Log likelihood	-668.4380	Hannan - Quinn criter.		1.3065
Restr. log likelihood	-722.9381	Avg. log likelihood		-0.6402
LR statistic (6 df)	109.0320	McFadden R - squared		0.2755
Probability (LR stat)	0.0000			

对农民工流动决策影响因素的 Logit 模型和 Probit 模型估计结果（见表6.3、表6.4），可进行多角度的分析：

（1）从显著性检验来看

性别（G_{22}）、文化程度（G_{31}）没有通过 Logit 模型和 Probit 模型的显著性检验。

G_{22}：指“性别”［gender（女：0，男：1）］；没有通过显著性检验，说明性别对农民工流动决策影响不显著。说明随着我国的经济结构调整，现阶段性别差异对农民工外出务工影响无差异，现阶段对不同性别农民工用工机会基本均等和不同性别农民工务工收入也基本无差异，导致性别因素对农民工流动决策影响不显著。

G_{31}：指“文化程度”（主要折算为受教育年限，edu）；没有通过显著性检验，说明受教育程度差异对农民工流动决策的影响不显著，这一结果印证了劳动力市场分割理论关于人力资本积累在低端劳动力市场不明显的假说，说明我国的经济欠发达地区的劳动力外出务工与文化程度无关，农民工并不在意文化程度，而更在意的是其他因素。

（2）从通过显著性检验的各解释变量系数的正负符号来看

Logit 模型和 Probit 模型的估计结果是一致的：

①Logitt 模型和 Probi 模型估计的年龄（G_{21}）、上月收入（LNG_{14}）两个变量的符号均为负号，表明这两个因素与目标概率存在负相关关系。

G_{21}：指“年龄”（age）；丰都县农民工的年龄与流动决策的影响是密切相关的，通过了显著性检验，而且是负相关的，说明年龄越大的农民工越不愿意流动，而年轻的农民工更愿意流动。

LNG_{14}：指“上月收入”（income）显著性略微超过10%，基本通过了显著性检验，说明上月收入与农民工流动决策有一定的相关性，且是负相关，上月收入越高农民工越不愿意流动，说明农民工的决策受短期收入因素影响较大。由于城镇化、工业化的推进，如果经济欠发达地区劳动力市场的劳动力工资收入上升较快，会降低农民工流动的概率，会导致向经济发达地区的农民工供给的下降。这一结果很好地解释了当前经济发达地区农民工总量降低的现状。

②其余各变量的符号为正，表明以下变量对农民工流动决策有正效应存在。

G_5：指“婚姻状况”［marry，（已婚：0，未婚：1）］；通过了显著性检验，说明婚姻状况对农民工流动的影响较大，受传统观念的影响，家庭在农民工的价值体系中的地位是比较重要的，已婚的农民工更愿意流动，来获得更高的收入，更好地缓解家庭生活压力。

LNG_{17}：指“上年收入”（income）上年收入与农民工流动决策相关性显著，且为正相关，上年收入越高则农民工越愿意流动，说明只要经济发达地区的劳动力市场能够给农民工带来更好的机会和发展空间，能使农民工获得更高的工资收入，并且是更高的长期收入，会提高农民工流动的概率，农民工的供给会增加。这一结果也很好地解释了当前经济发达地区不断提高农民工工资收入来吸引农民工的现状。

（3）从通过显著性检验的各解释变量系数值的相对大小来看

在对农民工流动决策模型的结果进行解释时，由于 Logit 模型和 Probit 模型所采用概率模型不同，因此会导致所估计的系数具体结果不同。虽然 Logit 模型和 Probit 模型估计的系数值及其含义都有所不同，但是系数的相对大小排序一致。对于这些解释变量的系数，重要的是它们绝对值的相对大小。从各解释变量系数的绝对数值大小上看，依次为：G_5（婚姻状况）、LNG_{17}（上年收入）、LNG_{14}（上月收入）、G_{21}（年龄）。因此，检验结果说明这些变量对农民工流动决策的影响效用一致。

（4）从各解释变量系数的边际影响大小来看

为了能够区分各个解释变量对农民工流动影响的效应，我们对影响显著的变量做了系数的边际影响效应分析。如表 6.5 所示，Logit 模型与 Probit 模型估计的边际影响效应结果虽然有差异，但是估计结果的差异很小。

表 6.5 回归结果汇总

Logit 模型		Probit 模型	
变量	边际影响	变量	边际影响
G_{21}	-0.1834	G_{21}	-0.1795
G_5	0.3569	G_5	0.3557
LNG_{14}	-0.0510	LNG_{14}	-0.0504
LNG_{17}	0.3023	LNG_{17}	0.2956

G_{21}（年龄）：在1%水平上显著，系数为负值。说明，随着年龄的增加，流动的概率减低了18.34%（Logit 模型）和17.95%（Probit 模型）。

G_5（婚姻）：在10%水平上显著，与未婚者比较，已婚使农民工流动概率提高了35.69%（Logit 模型）和35.57%（Probit 型）。

LNG_{14}（上月收入）：基本通过10%水平上显著，上月收入使农民工流动的概率下降了5.10%（Logit 模型）和5.04%（Probit 模型）。

LNG_{17}（上年收入）：在1%水平上显著，上年收入使农民工流动的概率上升了30.23%（Logit 模型）和29.56%（Probit 型）。

6.4.2 修正后的 Logit 模型

由于表6.3的回归结果包含不显著的回归系数，它还只能用于粗略的定性分析，并不能用于准确的定量分析。为了确定哪些因素对结果的影响最大，需要对模型做一些修改，剔除那些不显著的变量。经过多次试验，在不改变函数形式的前提下，表6.5这个模型结果更好。

表 6.6 修正后的 Logit 回归模型结果

变量	系数	标准误	Z 值	概率
C	0.2091	0.9703	0.2155	0.8293
G_{21}	-0.0720***	0.0085	-8.3867	0.0000
G_5	0.7211**	0.3613	1.9958	0.0460
LNG_{14}	-0.3121**	0.1347	-2.3165	0.0205

续表

变量	系数	标准误	Z 值	概率
LNG_{17}	0.4217***	0.1397	3.0168	0.0026
G_{73}	0.6155**	0.3055	2.0143	0.0440
G_{74}	1.7169***	0.2358	7.2784	0.0000
G_{75}	0.7523***	0.2426	3.1001	0.0019
G_{77}	-0.4811**	0.2360	-2.0378	0.0416
Mean dependent var	0.4818	S. D. dependent var		0.4999
S. E. of regression	0.4574	Akaike info criterion		1.2220
Sum squared resid	216.6154	Schwarz criterion		1.2647
Log likelihood	-628.9202	Hannan - Quinn criter.		1.2382
Restr. log likelihood	-722.9539	Avg. log likelihood		-0.6024
LR statistic（8 df）	188.0675	McFadden R - squared		0.2794
Probability（LR stat）	0.0000			

农民工流动决策的 Logit 模型的 McFadden R^2 为 0.279462，模型所有变量对流动的影响都比较显著，说明方程整体的解释力度较强。现就主要因素分析：

G_{21}：指“年龄”（age），农民工的年龄与流动决策的影响是密切相关的，通过了显著性检验，而且是负相关的，说明年龄越大的农民工越不愿意流动，而年轻的农民工比较愿意流动。年龄对农民工流动决策有非常显著的影响。年龄越大，流动的可能性越低。年龄越小，越容易流动。

G_5：指“婚姻状况”[marry，（已婚：0，未婚：1）]，通过了显著性检验，说明婚姻状况对农民工流动的影响较大，受传统观念的影响，家庭在农民工的价值体系中的地位是比较重要的，已婚的农民工更愿意流动，婚姻会提升农民工的家庭责任感，家庭负担的增加也会引导农民工去获得更高收入，更好地缓解家庭生活压力。

LNG_{14}：指“上月收入”（income），我们看到在剔除了其他不显著变量后，LNG_{14}（上月收入）显著性从 11.12% 提高到了 2.05%，在 5% 程度上显著。说明上月收入与农民工流动决策有相关性，且是负相关，上月收入越高的农民工越不愿意流动，说明农民工的决策受短期因素影响较大。由于城镇化、工业化的推进，如果经济欠发达地区劳动力市场的劳动力工资收入上升较快，会降低农民工流动的概率，会导致向经济发达地区的农民工供给的下降。这一结果很好地解释了当前经济发达地区农民工总量降低的现状。

LNG_{17}：指“上年收入”（income），上年收入与农民工流动决策相关性显著，且为正相关，上年收入越高则农民工越愿意流动，说明只要经济发达地区的劳动力市场能够给农民工带来更好的机会和发展空间，能使农民工获得更高的工资收入，并且是更高的长期收入，会提高农民工流动的概率，农民工的供给会增加。这一结果也很好地解释了当前经济发达地区不断提高农民工工资收入来吸引农民工的现状。

G_7：指“目前工作的行业”（job），每个行业设置一个虚拟变量。具体为：

G_{73}：制造业（是：1，否：0），较为相关，正相关，制造业是农民工就业的主要领域之一，岗位需求量大，比较容易找工作，制造业的农民工需求越大，农民工的流动就容易发生。

G_{74}：建筑业（是：1，否：0），密切相关，正相关，建筑业是男性农民工的传统就业产业，由于中国的城市化进程的加快，建筑行业发展快速，产生大量的就业机会，农民工的需求量很大，对于流动的农民工而言，在建筑行业非常容易找到工作，特别是有工作经验的农民工，建筑业的农民工需求越大，农民工的流动就容易发生。

G_{75}：交通运输、通信和仓储业（是：1，否：0），较为相关，正相关，交通运输行业也是农民工就业的主要领域之一，岗位需求量大，比较容易找工作，交通运输、通信和仓储业的农民工需求越大，农民工的流动就容易发生。

G_{77}：社会服务业（是：1，否：0），较为相关，负相关，对农民工特别是女性农民工的需求比较大，但是由于农民工所从事的都是低端的社会服务业如餐饮业、家政业等，所以社会服务业的收入与制造业、建筑业、交通运输业等相比收入较低，所以这个行业与农民工流动负相关，农民工对向这个行业流动意愿相反。

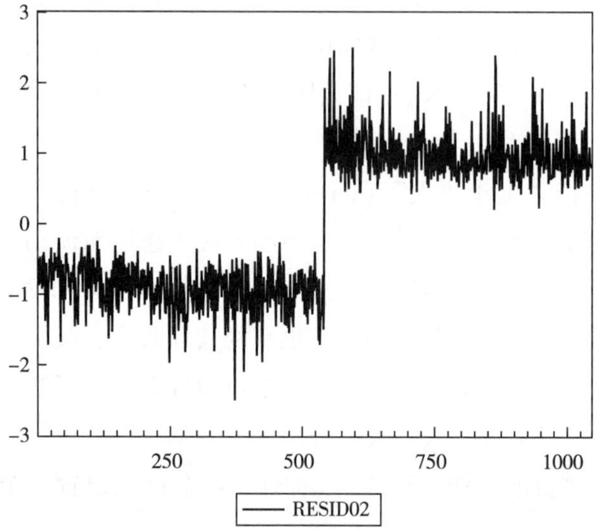

图 6.4　修正后 Logit 模型回归残差图

图 6.4 修正后 Logit 模型回归残差图显示回归的绝大多数点落在（-2，+2）之内，只有很少的几个样本落在（-2，+2）之外，说明回归拟合较为充分，没有出现系统性偏差，样本的随机误差项不具有异方差性，通过检验。

我们同样用 Probit 模型做了修正模型（见表 6.6），相关 Logit 模型和 Probit 模型的对比分析见表 6.7。

表 6.7　修正后 Probit 模型回归结果

变量	系数	标准误	Z 值	概率
C	0.0918	0.5839	0.1572	0.8750
G_{21}	-0.0431***	0.0050	-8.6338	0.0000
G_5	0.4346**	0.2141	2.0296	0.0424
LNG_{14}	-0.1892**	0.0817	-2.3133	0.0207
LNG_{17}	0.2571***	0.0841	3.0567	0.0022

续表

变量	系数	标准误	Z值	概率
G_{73}	0.3829**	0.1870	2.0465	0.0407
G_{74}	1.0276***	0.1359	7.5612	0.0000
G_{75}	0.4647***	0.1474	3.1517	0.0016
G_{77}	-0.2906**	0.1424	-2.0399	0.0414
Mean dependent var	0.4818	S. D. dependent var		0.4999
S. E. of regression	0.4575	Akaike info criterion		1.2227
Sum squared resid	216.6994	Schwarz criterion		1.2653
Log likelihood	-629.2579	Hannan - Quinn criter.		1.2389
Restr. log likelihood	-722.9381	Avg. log likelihood		-0.6027
LR statistic (8 df)	187.3921	McFadden R - squared		0.2676
Probability (LR stat)	0.0000			

6.5 Logit 模型与 Probit 模型的对比分析

为了进一步验证返乡农民工流动决策 Logit 模型的可靠性，本研究做了 Logit 模型结果与 Probit 模型结果的对比。

由于 Probit 模型是累积正态分布和 Logit 模型累积 Logistic 分布很接近，只是尾部有点区别，因此无论用 Logit 法和 Probit 法得到的结果都不会有很大区别。可是，两种方法得到的参数估计值是不能直接进行比较的。由于 Logistic 分布的方差为 $\frac{\pi^2}{3}$，因此，Logit 模型得到的 β_i 的估计值必须乘以 $\frac{\sqrt{3}}{\pi}$，才能与 Probit 模型得到的估计值相比较（正态分布标准差 σ 为 1）。表 6.7 即显示了 Logit 模型系数和按照上述方法调整后系数与 Probit 模型系数的对比。

表 6.8 Logit 模型与 Probit 模型回归结果对比

	Logit 模型			Probit 模型	
	系数	调整后系数	概率	系数	概率
C	0.2092	0.1153	0.8293	0.0919	0.8750
G_{21}	-0.0721	-0.0397***	0.0000	-0.0432***	0.0000
G_5	0.7211	0.3976**	0.0460	0.4347**	0.0424
LNG_{14}	-0.3122	-0.1721**	0.0205	-0.1892**	0.0207
LNG_{17}	0.4217	0.2325***	0.0026	0.2572***	0.0022
G_{73}	0.6156	0.3394**	0.0440	0.3829**	0.0407
G_{74}	1.7169	0.9465***	0.0000	1.0277***	0.0000
G_{75}	0.7524	0.4148***	0.0019	0.4648***	0.0016
G_{77}	-0.4811	-0.2652**	0.0416	-0.2906**	0.0414

对返乡农民工流动影响因素的 Probit 模型和 Logit 模型估计结果的对比分析可以得到以下结论：

（1）从各解释变量系数的影响相关性来对比，Probit 模型和 Logit 模型的估计结果是一致的。

①Probit 模型和 Logit 模型估计的 G_{21}、LNG_{14}、G_{77} 三个变量的符号均为负号，表明这三个因素与农民工的流动概率存在负相关关系，即年龄越大越不容易流动、在经济欠发达劳动力市场短期收入越高越不容易流动、社会服务业需求越大越不愿意流动。

②其余各变量的符号为正，表明这些变量对返乡农民工流动的发生有正效应存在。G_{74} 建筑业、G_{75} 交通运输、通信和仓储业、G_5 婚姻状况、G_{73} 制造业、LNG_{17} 上年收入即经济发达地区的劳动力市场长期收入。

（2）从各解释变量系数值的相对大小来看。

在对二元选择模型的结果进行解释时，对线性概率模型进行变换得到了两种模型：Probit 模型和 Logit 模型。由于 Probit 模型和 Logit 模型所采用概率模型不同，变换的要求是把可能分布在整个实数轴上的 *X* 值变换成分布在（0，1）上的概率，因此会导致系数具体估计结果有所不同。对每个解释变量的系数，重要的不是其绝对数值，而是它们的相对大小。从各解释变量系数的绝对数值大小上看，位于前 6 位的变量是：G_{74}建筑业、G_{75}交通运输、通信和仓储业、G_5婚姻状况、G_{73}制造业、G_{77}社会服务业、LNG_{17}上年收入。Probit 模型和 Logit 模型估计的系数值有所不同，但是系数的相对大小排序一致。因此，这些变量对返乡农民工流动发生的概率影响较大。这个结果与本章之前的分析一致。

（3）在本实证研究中 Probit 模型和 Logit 模型在农民工流动影响因素分析方面的整体的稳定性和显著性基本一致。两个模型共同验证了本研究中影响农民工流动因素的显著性和稳定性。

综上所述，这个结论与第 5 章我们得出的劳动力市场分割下的市场对农民工流动的影响因素有很大的区别。第 5 章泰尔指数检验显示市场认可的受教育程度和性别因素所代表的人力资本积累是工资定价和劳动力配置机制的决定因素，本章结果显示受教育程度和性别因素对农民工个体流动决策影响并不显著。农民工流动决策考虑的是年龄、婚姻状况和行业因素：年龄是稳定的影响变量并且与流动呈负相关，即年龄越大农民工流动的意愿越低，所以年龄结构对农民工流动的影响较大；婚姻状况所代表的家庭生活压力对农民工流动决策影响显著并呈正相关，同时行业的影响（特别是建筑业、交通运输、通信和仓储业、制造业、社会服务业）比较大。上年收入（经济发达地区劳动力市场全年总收入）对个体农民工的流动的影响较为显著且呈正相关，也就是说如果流动能带来稳定和更高的长期收入，农民工流动的意愿更高；而与上年收入对应的上月收入与农民工流动呈负相关，上月收入是农民工短期务工收入，也就是说如果农民工能够在短期获得更高的收入，农民工流动意愿更低。同样都是收入，但是年收入和月收入的差异反映的是农民工对长期收入和短期收入的权衡而作出流动或者不流动的决策，这恰恰说明了农民工是经济人，农民工的流动决策是经济人的经济理性决策。

总而言之，本章用 Logit 模型从劳动力市场的供给方农民工自身的角度来研究农民工流动决策和农民工流动决策影响因素，研究发现劳动力市场机制不能完全决定劳动力流动决策和劳动力流动，原因在于劳动力市场的配置机制和劳动力流动的决策机制存在着不一致。第 4 章的结论表明，劳动力收入的影响因素包括：年龄、教育、性别、婚姻和行业等因素。第 5 章的结论表明，劳动力市场关注的是劳动力的受教育程度和性别所代表的人力资本积累。本章的结论表明劳动力市场供给方农民工流动决策所关注的影响因素是婚姻状况所代表的生活压力、从事行业所代表的收入水平和短期收入与长期收入的权衡，如表 6.8 所示。

表 6.9　研究结果汇总

第 4 章的结论	第 5 章结论	第 6 章结论	实证结论
劳动力收入影响的因素包括：年龄、教育、性别、婚姻、行业	市场工资决定和配置机制的关键影响变量：教育、性别	农民工流动决策的关键影响变量：年龄、婚姻、行业（收入）	劳动力配置失灵：市场机制与劳动力决策影响因素存在差异

6.6　本章小结

本章结合劳动力市场分割理论和劳动力流动理论，用 Logit 模型从劳动力市场的供给方农民工自身的角度来研究农民工流动决策和农民工流动决策影响因素，研究发现劳动力市场机制不能完全决定劳动力流动决策和劳动力流动，原因在于劳动力市场的配置机制和劳动力流动的决策机制存在着不一致。劳动力市场关注的是劳动力的受教育程度和性别所代表的人力资本积累，劳动力市场供给方农民工流动决策所关注的影响因素是婚姻状况所代表的生活压力、从事行业所代表的收入水平和短期收入与长期收入的权衡。

7

农民工流动引导的对策建议

第4、第5、第6部分验证了在劳动力市场分割情况下农民工流动的决策模式和相关影响因素。当前，如何引导农民工合理便捷高效流动，是摆在各级政府面前的一个问题。本章根据第3部分抽样调查发现影响农民工流动的问题和第4、第5、第6部分实证的结果，提出了从宏观、中观和微观的相关引导农民工有序流动的对策建议供决策参考。

7.1 农民工流动规制基本框架

本节将从宏观、中观和微观应对农民工流动的基本对策汇总，形成了应对农民工流动的基本框架。总的说来，国家层面上应该在宏观上加快推进农民工向产业工人的转变，为农民工流动创造良好的大环境，在全国范围内建立农民工流动的保障体系；省市层面上应该在中观上加强协作、明确分工、确定定位，有目的地输入或者输出农民工，实现区域联动；区县层面上应该在微观上为农民工流进和流出提供必要的便利，重点在提高农民工的人力资本积累消除性别差异，输入地能更好地实现经济发展，输出地能够获得更多的劳务收入；就农民工个人来说，如何能够在恰当的时间选择外出务工和解决个人问题，实现个人经济目标的基础上兼顾家庭中的老人和子女，以及提高认识能够为输出地和输入地经济社会发展作出应有贡献，找到归属感，最终实现自我价值。同时，城市人对农民工的态度也是促进农民工健康流动的重要一环，认识到农民工对城市化、工业化的贡献，以及农民工对城市发展和为城市市民提供服务方面作出的贡献，客观公正地对待进城务工农民工，有效促进农民工向市民的转变。

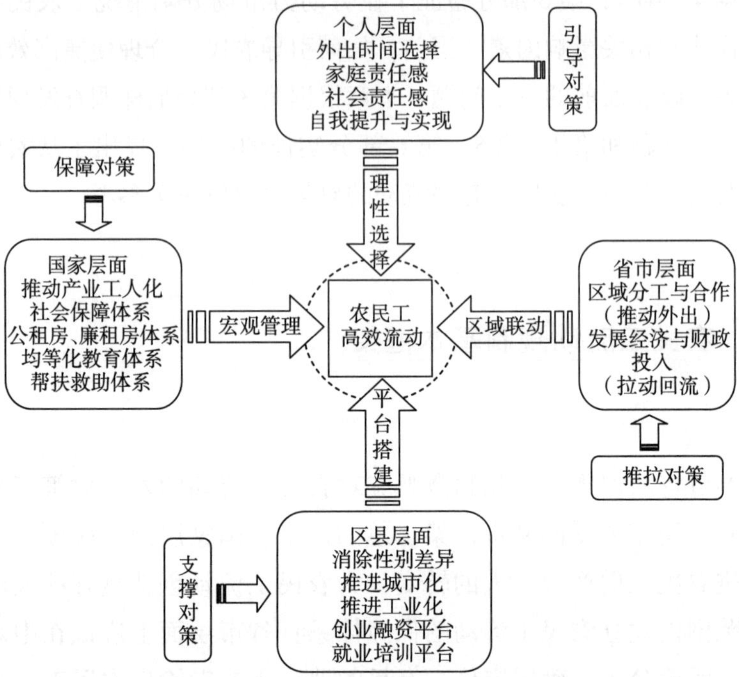

图 7.1　应对农民工流动的基本框架

7.2　农民工流动的基本对策

7.2.1　基于国家层面的保障对策：宏观管理

7.2.1.1　加快推进农民工向产业工人转变

在全国范围内对农民工要做到同工同酬、规范管理。推行农民工与职工同学习、同劳动、同管理、同生活、同报酬的“五同”管理，依法保障农民工稳定就业，要根据实际需要，通过依法订立劳动合同或劳务派遣协议等方式稳定农民工就业，不得歧视和非法清退、裁减农民工；切实保障农民工劳动报酬的支付，要建立健全劳动报酬支付监控制度，适时开展农民工劳动报酬支付情况专项检查，督促劳务派遣单位、业务分包单位彻底解决拖欠农民工工资问题，确保农民工劳动报酬按时足额发放。政府进一步创新社会管理，使其更加科学化、人性化。让农民工实现向产业工人的身份转换，先要打破城乡社会二元分裂结构，着重于分期分批解决农民工的社保、医保、失业保险、住保和教育保障问题。

7.2.1.2　建立全国联网的社会保障体系

建立全国联网的医疗保险体系。加快建立全国统一的医疗保险政策，切实解决目前医疗保险各省市之间相互抵牾、互补接续，导致病种设置、保费征缴比例、支出比例、报销比例、医药目录千差万别，各地相互确认困难等问题。同时，开发具有类似现行银联卡多种功能的网络服务体系，加速实现全国医保联网，使参加医保的人员可以凭借一张“医保卡”，即可在全国各地定点刷卡支取和结算。

建立全国联网的养老保险体系。实行养老保险基金完全累积制度，取消社会统筹账户，只建立个人账户，农民工个人缴费和用人单位缴费全部计入个人账户，克服农民工退保只能退还个人缴费的问题。同时，建立跨区域衔接联系的养老保险续保制度，让农民工从一个城市流动到另一个城市后，能够继续参保和累积参保；实行养老保险跨区域异地结算制度，让农民工失去劳动能力后无论在哪里居住都能领取养老现金。

建立全国联网的失业保险体系。一方面，建立全国性失业保险制度，提高失业保险的权威性和严肃性，使失业保险成为全国性法律法规，让无论何种所有制企业、何种用人方式，用人单位都必须一视同仁地、无条件地参加全国性失业保险，彻底纠正按照户籍和身份不同来确定不同的失业保险政策的做法，让农民工同等享受到与国家机关事业单位人员相一致的失业保险政策。另一方面，将失业保险纳入全国统筹，切实增强国家对失业保险工作的调控力度和转移支付力度，避免地方政府截留大量保险基金，失业人员所领取的失业保险金不足以养家糊口的问题。

7.2.1.3　建立全国范围的公租房、廉租房体系

建立全国范围的公租房体系。将外来务工人员纳入当地公共租赁房保障性住房体系，凡有稳定就业岗位和收入来源，具有租金支付能力，在务

工地无住房或住房面积低于城市住房保障标准，都可以申请公共租赁房，不受户籍限制。公租房租金应明显低于同类商品房出租价格，租满一定期限后可按“成本价+银行利息”购买自住，可办理当地户籍，以鼓励外来务工人员尽快融入城市化进程，共享改革开放的成果。

建立全国范围的廉租房体系。将外来务工人员纳入廉租房保障范畴，根据各地外来务工人员数量，按一定比例逐年下达廉租房建设计划，中央财政应给予补助，鼓励各地建设农民工廉租房。对用人单位自主建设农民工公寓的，要大力支持并给予适当的补助资金。在廉租房尚不能满足外来务工人员需求的情况下，可出台硬性规定，要求各用人单位给予农民工厂外租房补助。

7.2.1.4 建立全国范围的均等化教育体系

建立全国范围的农民工教育与再教育体系。出台政策，将农民工教育和再教育工作纳入各地职业教育工作和就业再就业工作技能培训范畴，强制用人单位和地方政府对农民工进行职业技能培训或素质提升培训，享受机关事业单位职工继续教育政策待遇。对参加在职学历教育的农民工，政府将给予机关事业单位同等待遇的学费补助。同时，鼓励农民工参与学术研讨活动、进行技术创新和申请专利，允许农民工平等参加当地政府组织的公务招录、事业单位招录考试，畅通农民工上升渠道。

建立全国范围的农民工子女流动教育体系。把随同农民工外出子女教育作为务工地政府教育事业发展规划，并根据务工人员子女数量，合理增加教育机构、设施设备建设计划，以满足农民工子女上学需要。尤其要加大对教育乱收费现象的打击力度，让农民工子女平等享受当地居民子女受教育的权利，免除借读费等各种不合理的收费；打破“高考移民”现象，让农民工子女平等享受参加当地中考、高考的权利，而不应设置障碍，阻止农民工子女参加各类考试。

7.2.1.5 建立全国范围农民工临时救助体系

加强救助法规制度建设，尽快实现各项救助制度城乡统筹、均等覆盖，互联互补、衔接配套，纳入制度化、规范化管理轨道，确保救助工作有法可依、有章可循。特别要打破区域、户籍制度界限，无论农民工家庭身处何地，只要符合当地的临时救助标准，就应同等享受当地户籍居民的临时救助待遇。要规范救助操作管理，建立全国低收入家庭经济状况核对体系，力争实现民政部门与相关部门收入信息的互通、共享，提高救助管理的科学化和精细化水平。

7.2.2 基于省市层面的推拉对策：区域联动

7.2.2.1 强化区域分工，增强区域合作，推动农民工外出

强化区域分工，合理产业布局。着眼于本省（市）不同区域的比较优势，按照市场化、合理化、专业化和可持续发展原则，合理布局、因地制宜发展优势特色产业，避免产业雷同和低水平重复建设，出现恶性竞争局面。积极发挥市场作用，促进区域产业链有效发展，支持实行区域内产业的市场化整合，让产业资源形成有机、关联、有序、合理地流动，形成具有自身特色的纵向产业链和横向产业链。积极实施分类指导，推动市场要素区域间流动，促进区域产业结构优化升级。

以产业为载体，调配农民工合理外出。大力推进农村工业化进程，抓好工业园区建设，引导乡镇企业向小城镇和工业小区集中，实现规模效益和聚集效应，以此促进乡镇企业吸纳更多的农村富余劳动力实现就地就近就业。大力推进城镇化进程，适度扩大大中城市规模，积极发展小城市，重点加快县城及中心城镇建设，尽快形成辐射作用较强的城镇群，为农村富余劳动力创造向第二、第三产业转移的机会。同时，开发具有地方特色的文化产业，发展旅游业，吸纳农村劳动力和民间艺术进军新兴文化产业和服务业；积极扶持龙头企业，发展农产品加工和劳动密集型产业，重点扶持一批有基础、有优势、有特色、有前景的龙头企业，延长产业链，吸纳更多农村劳动力，实现农业劳动力在农业产业内部消化。

7.2.2.2 加快经济发展，调整财政支出，拉动农民工回流

加快经济发展，增加财政收入。加大对农民工聚集的区县产业发展支持力度，增强贫困区县自身造血功能，夯实县域经济发展基础。尤其是对中西部地区，在稳定农业农村经济发展的前提下，必须发挥自身比较优势，加快发达地区产业梯度转移的承接力度，建立起具有自身特色和区域

特色的工业体系，逐步缩小同发达地区的差距。同时，结合自身实际，着力挖掘自身潜力，加快发展旅游、商贸等第三产业，发展自己的特色产业体系，以不断培植税源，增加地方财政收入。

调整财政支出，加大倾斜“三农”。科学预算财政收入目标任务，在确保各类税源应收尽收的前提下，合理预算财政支出结构，按照适度负债，超前发展的原则，适当增加财政支出额度，允许出现适度的财政赤字。尤其要调整财政支出比重，增大对农业、农村经济发展的支出比例，特别要增加对农村基础设施建设项目、农村产业发展项目、县城和小城镇建设的支持力度。

缩小收入差距，吸引农民工正常回流。建立与经济发展水平相适应的工资同步增长制度，建立健全劳动合同保障制度，促进农民工工资收入稳定增长。同时，加大对城乡居民社会保障、医疗、教育等民生事业的支出力度，减免或取消一些不合时宜的税费，以民生福利的改善和“减负”来增加城乡居民收入，以此缩小同发达地区的收入差距，增强农民工流动回流的吸引力。

7.2.2.3　提升省市政府及部门管理水平，着力服务农民工流动

省市政府及其工作部门，要着力转变工作方式，把好“培训”、“就业”、“维权”等关口，不断提升服务和鼓励农民工流动的工作水平。加大农民工职业培训力度，充分考虑农民工的特点和要求，合理安排培训机构和培训方式，丰富培训内容，切实提高农民工就业技能。畅通就业信息渠道，建立用工单位可以与劳务输出地区的信息沟通互动机制，以此减少农民工盲目流动，帮助农民工便捷高效就业；同时，积极鼓励农民工创业，为有创业意愿的农民工提供创业指导和政策咨询服务，提供小额贷款等融资支持，在创业审批上给予简化和帮助，为其提供良好的创业平台。加强农民工权益维护，尽快制定和出台保护进城就业农民权益的法律，明确农民工的基本权利与社会地位，加强对他们人身和财产等权利的保护，为其提供人文关怀。

7.2.3 基于区县层面的支撑政策：平台搭建

7.2.3.1 积极消除性别差异

区县政府在各种政策和具体措施上应该做到：提高妇女受教育的水平，对女农民工进行各种专业技术培训、管理方面的培训、领导能力的培训，推进女农民工的职业能力建设，使女农民工享有和男农民工完全相同的机会，以增强女农民工的自信。营造男女平等的文化氛围，宣传成功女农民工的业绩，改变歧视妇女的企业文化和社会文化。对女性农民工要加强观念和心理上的改变，面对性别引起的歧视现象，女农民工应该学会抵制，积极保护自己的利益，社会应该从女农民工本身的特点出发，给予更多的支持，形成合理的竞争机制，从而达到真正地和男性进行公平竞争。而女农民工更应积极从强化素质入手，充分发挥性格优势，积极参与社会竞争。

7.2.3.2 加快城市化、工业化进程

城市化和工业化是促进城乡劳动力流动和流动的根本动力和最有效举措。支撑农民工流动正常化和有序化，必须要加快区县的城市化、工业化进程。根据本地的实际情况，利用好、整合好、发挥好自身的优势，实现工业化和城市化联动共进，以新型工业化支撑新型城镇化，以适度超前的城镇化带动工业化，是区县目前发展的核心和工作的重点。一是应当把加快城镇建设作为促进农民工进城后工作生活的基础平台，纳入经济社会发展规划加快建设；同时应当按照农民工市民化发展趋势，合理规划城镇规模。二是要加快完善城镇配套设施，如住房、学校、医院、银行等城市公共服务设施，为农民工进城提供服务，让农民工进得来、留得下。三是加快工业化进程，加强工业企业聚集区建设，配套完善工业企业发展所必需的交通、能源、水利等配套设施，满足工业企业入驻需求，使农民工能够在工业企业中充分就业，在进入城市同时能够有稳定的收入支撑城市生活。

7.2.3.3 搭建农民工就业平台和培训平台

一是加大政策扶持力度，实施更加积极的就业战略。实施更加有利于

促进就业的财政支持政策，公共财政支出将向中小企业和劳动密集型产业倾斜；实施更加有利于促进就业的税收优惠政策，对劳动者自谋职业、自主创业以及企业吸纳就业，依法落实减免税优惠；加快劳动力就业市场、劳务信息网络、劳务中介组织等农民工就业信息平台建设，实现农民工进城后能够迅速找到合适的就业岗位。二是完善就业岗位补贴、职业介绍补贴、企业担保贷款贴息、职业技能培训补贴等鼓励企业吸纳农民工就业的相关激励政策。加大岗位开发力度，多措并举，促进就业。把经济增长点作为就业工作的着力点。依托龙头企业带动，结合区县功能定位对人力资源的不同需求，搞好人力资源开发配置服务，带动就业增加；依托支柱产业发展，保障就业增加；依托重大项目建设，实行项目立项时提前介入，项目在建中同步跟进，项目投产后服务到位，促进就业增加；依托服务业大发展，在现代服务业发展中开发新职业、新岗位，在传统服务业发展中扩大从业人员规模，助推就业增加；依托中小企业发展，加大扶持力度，落实优惠政策，拉动就业增加。坚持增加数量与提高质量并重，提高新增就业人员中在城镇单位就业的比例，鼓励企业与员工建立长期稳定的劳动关系。三是加大就失业监测力度，建立健全长效防范机制。启动失业动态监测工作，加强失业预警和应急机制建设，完善失业调控工作体系，规范失业保险管理，完善保障失业人员基本生活、预防失业、促进就业“三位一体”的功能框架。将行之有效的失业保险促进就业的政策措施，纳入地方性法规，形成长效机制。畅通农民工失业登记、流动转城、社保续接等办事渠道，精简办事流程，取消针对农民工就业的各类收费政策，为农民工提供快捷高效的就业服务。

一是完善职业培训平台体系，选择培训能力强的职业院校和企业培训中心，建立高技能人才培养基地和技师研修站；遴选重大建设项目，采取培训招标方式，实现项目建设与技能培训对接。完善技能人才评价体系，扩大企业生产一线鉴定规模，将享受政府补贴培训项目的职业技能鉴定全部纳入市级统筹。完善职业资格证书制度，严格职业准入，重点在机械、电子、现代服务业等行业提高技能培训的效率和质量。二是加大农民工职业技能培训力度，促进劳动者素质就业。实施技能人才培训计划，以企业需求为导向，以职业资格证书为抓手，以落实培训补贴政策为保障，开展大规模职业技能培训。完善政府购买培训成果机制，调整职业培训成本及市场需求程度目录，提高培训补贴标准。三是坚持把解决农民工和农村富余劳动力转移就业摆在突出位置，开展适应性和技能型培训，促进返乡农民工和农村富余劳动力就地就近就业；坚持加快推进家庭服务业发展，拟订发展规划，整合行业资源，促使家庭服务业成为继建筑业、加工制造业之后的第三大吸纳农村富余劳动力就业的行业。

7.2.3.4　搭建农民工创业平台和融资平台

一是加大农民工创业促就业力度，支持科技型企业创新引领。全面落实创业带动就业，推进创业带动就业建设。落实以创业带动就业扶持资金，建立小额贷款风险分担机制。二是建立健全农民工创业服务体系，全部建立创业服务机构，为创业者提供开业指导、创业培训、创业融资、创业项目推介等公共服务。发展创业孵化基地，将打造1～2个创业孵化和实训服务的品牌园区，给予相应资金扶持。鼓励创办科技型中小企业，推动科技型中小企业成为创业带动就业新亮点。三是在尽力让农民工享受同等待遇的招商引资政策的同时，尽快出台比招商引资更加实惠的自主创业的政策，并加大政策宣传引导力度，营造全社会都支持农民工自主创业的良好氛围，鼓励农民工以多种形式创办各类所有制企业，并不受相关门槛的限制，在实施创业指导和创业培训的过程中，各级政府及政府部门应当加大减免税收和行政性收费力度。

一是实施更加有利于促进农民工就业的金融扶持政策，加大政策扶持力度，制定了一系列扶持政策，积极向上争取农民工企业专项扶持资金，加大对农民工企业的财政扶持力度，有效缓解农民工企业融资难问题。二是鼓励金融机构对农民工创业提供小额担保贷款服务，增加农民工融资渠道，促进农民工通过创办企业增加就业。三是畅通农民工创业融资渠道，如：由政府提供小额担保贷款，允许农民工以林权、宅基地、厂房设备等有形资产和技术专利、发明创造等无形资产作抵押向金融机构申请贷款等；以及对发放农民工创业小额贷款的金融机构，各级政策应当从物质、精神等方面予以奖励。四是设立应急救援机制。有效缓解农民工创办企业资金紧张状况，着力解决农民工企业资金瓶颈问题，帮助农民工企业解决重大项目、设备改造、技术更新等融资难题。五是搭建银企合作平台。进一步完善政银企联席会议制度，将农民工创业者纳入进银企对接机制，定期或不定期召开座谈会、协调会和融资推介会，加强互信关系。

7.2.4 基于个人层面的引导对策：理性选择

7.2.4.1 增加人力资本

农民工流动的选择需从自身和政府引导几个角度考虑：一是农民工进一步提高自身教育程度和水平，即自身从学前教育、小学教育、中等教育、高等教育到职业教育的选择角度实现理性流动。二是政府引导和鼓励农民工参加各类技能培训和学历教育培训，出台相应的激励政策；通过教育培训提升农民工的就业技能和实现自我价值的意识。三是鼓励农民工通过合理流动，包括到经济发达地区务工在实际工作中获取工作经历、工作能力和技能提高。

7.2.4.2 增强家庭责任感

一是要加强对农民工的传统美德和社会公德教育，增强他们对家人、朋友的责任意识。二是加大思想道德教育力度，要在农民工中广泛开展思想道德教育，倡导男女平等，夫妻和睦的家庭美德，让农民工树立正确的婚姻家庭观念和家庭责任感，帮助他们不断提高文化素质和思想道德素质。三是让农民工基于对家庭在农村中的空巢老人、留守儿童的家庭责任选择流动方向和如何流动。

7.2.4.3 增强社会责任感

一是增强农民工的社会责任意识，让农民工在参与社会活动中树立公众利益第一位的意识，自觉地把自己的言行约束到主流价值体系和道德规范上来。二是要遵纪守法，做正派人，从正当业，行正确事；增强农民工的职业责任意识，就要让农民工在务工岗位上坚持把雇主利益与公众利益和个人利益有机统一起来，对企业负责，爱岗敬业，诚实守信，以勤奋务实的劳动获取报酬。三是在培养农民工社会责任和职业责任意识工作中，需要政府强力介入，舆论先行引导，社会积极支持，在此基础上，由农民工理性选择建设家乡而回流或者是为了务工地当地经济发展而在外务工。

7.2.4.4　增强自我实现意识

农民工经过多年的打拼，不但拥有了技术，积累了资金，更掌握着丰厚的人脉资源，通过敏锐的市场洞察，发现了不为人知的经营商机，自立门户，创办自己的企业。在此基础上的流动有两种选择：一是回到家乡自主创业，为繁荣家乡经济作贡献，同时在家乡实现自己的人生价值。二是留在务工地创业，适应务工地市场竞争，在务工地实现自己的人生价值。这都是农民工自我实现的可选项，农民工可以根据自己的实际情况作出理性和合适的流动选择。

7.3　本章小结

本章结合实证结果和农民工流动影响因素，针对当前农民工流动中存在的问题，提出了应对农民工流动的基本框架图和基本对策，即应该从宏观、中观和微观综合应对农民工流动，引导农民工的有序流动，提高劳动要素的使用效率，推进经济发展，共同建设和谐社会。

8 研究结论和展望

本章是对前文整体研究工作的总结，主要梳理了对丰都县返乡农民工和本土农民工收入差距研究的结论和相关劳动力市场分割理论中国特色现象和发展。并对本书进一步的研究提出了展望。

8.1 研究结论

本研究结合劳动力市场分割理论和人力资本理论，以2008年美国金融危机中国农民工流动为背景，使用本人于2009年7月发起并组织的重庆市丰都县返乡农民工和本土农民工抽样调查大样本数据，通过对农民工在不同地区劳动力市场收入差距及收入决定因素应用计量经济学，比较研究了中国劳动力市场地区分割的特殊性。本研究一方面为进一步验证中国经济发展地区不平衡和由此带来的劳动力市场地区分割、工资决定机制以及收入差距提供思路，另一方面，也可以为进一步深化中国劳动力市场分割理论，以及研究农民工流动和农民工收入差距提供借鉴。

本研究的调查数据显示，返乡农民工与本土农民工在年龄、受教育程度、性别、婚姻状况、工作行业以及职业等方面都不存在显著差异。把人口特征和收入因素排除在外，返乡农民工与本土农民工相比的重要差别就是有外出务工经历，返乡农民工经历了一个由欠发达地区农村劳动力市场向发达地区城镇劳动力市场转移，再由发达地区城镇劳动力市场向欠发达地区城镇劳动力市场转移的过程。而本土农民工直接由经济欠发达地区农村劳动力市场流动到本地的欠发达地区城镇劳动力市场。本研究通过实证发现，返乡农民工的外出务工经历对在经济发达地区城镇劳动力市场务工收入影响不显著，这说明，返乡农民工的外出务工经历并不是积累人力资本的有效途径，返乡农民工并没有在经济发达地区城镇劳动力市场积累人力资本。本研究通过实证发现，返乡农民工的外出务工经历对在经济欠发达地区城镇劳动力市场务工收入的影响不显著，这也说明，返乡农民工在经济发达地区城镇劳动力市场的务工经历没有积累人力资本，同时也可以说明，返乡农民工在经济发达地区城镇劳动力市场的务工经历，并没有比本土农民工在经济欠发达地区城镇劳动力市场积累更多的人力资本。究其原因，2008 年金融危机造成的返乡农民工群体应该是在经济发达地区城镇劳动力市场中处于低端子市场的农民工群体，因此，本研究也证明了劳动力市场分割理论第三个核心假说中关于新古典人力资本理论在较低端子市场中的适用性不强。

本研究通过泰尔指数分解法发现我国劳动力市场地区分割显著，研究发现我国劳动力市场中的农民工有特殊性，可以在不同地区的劳动力子市场间自由流动。2008 年金融危机造成约 400 万农民工从经济发达地区城镇劳动力市场向经济欠发达地区城镇劳动力市场流动，这一现象表明金融危机造成了地区分割的劳动力市场的出清，表现为经济发达地区城镇劳动力市场向经济欠发达地区城镇劳动力市场出清。本研究的实证结果显示，返乡农民工是在经济发达地区没有积累人力资本的群体，说明我国地区分割的劳动力市场的出清是将没有积累人力资本的农民工出清。本研究的结果说明，农民工的存在使得我国地区分割的劳动力市场有着特殊性，农民工可以在不同地区的劳动力子市场流动，并且劳动力市场存在出清，表现为发达地区劳动力市场向欠发达地区劳动力市场出清，出清的人群是在发达地区劳动力市场没有积累人力资本的农民工群体。

本研究使用泰尔指数这个新的方法从劳动力市场分割这个新的角度来研究丰都县返乡农民工和本土农民工基于人口特征的收入差异结构。研究发现，返乡农民工和本土农民工群体的组间差距都远远地小于组内差距，发现返乡农民工返乡前和返乡后收入与返乡农民工与本土农民工务工收入也基本无差异。泰尔指数分解结果发现，受教育程度是经济发达地区劳动力市场工资决定和劳动力配置机制的决定因素，对务工收入影响显著并能扩大收入差异；性别差异是经济欠发达地区劳动力市场工资决定和劳动力配置机制的决定因素，对务工收入影响显著。本研究用泰尔指数分解方法验证了我国劳动力市场地区分割和不同子市场中的工资决定和劳动力配置机制各不相同，新古典人力资本理论在较低端子市场中的适用性不强。

本研究运用 Logit 模型从农民工角度来研究农民工流动，结果显示劳动力市场看重的受教育程度和性别因素对农民工个体流动决策影响并不显著。农民工流动决策考虑的是年龄、婚姻状况和行业因素。年龄是稳定的影响变量并且与流动呈负相关，即年龄越大农民工流动的意愿越低，所以年龄结构对农民工流动的影响较大；婚姻状况所代表的家庭生活压力对农民工流动决策影响显著并呈正相关，同时行业的影响（特别是建筑业、交通运输、通信和仓储业、制造业、社会服务业）比较大。经济发达地区劳动力市场全年总收入对农民工的流动的影响较为显著且呈正相关，也就是说，如果流动能带来稳定和更高的长期收入，农民工流动的意愿更高；而农民工现在务工地的短期收入与农民工流动呈负相关，也就是说如果农民工能够在短期获得更高的收入，农民工流动意愿更低。同样都是收入，农民工对长期收入和短期收入的权衡而作出流动或者不流动的决策，这恰恰说明了农民工是经济人，农民工的流动决策是经济人的经济理性决策。

总而言之，本研究的结论表明，农民工收入的影响因素包括：年龄、教育、性别、婚姻和行业等因素，劳动力市场关注的是劳动力的受教育程度和性别所代表的人力资本积累，劳动力市场供给方农民工流动决策所关注的影响因素是婚姻状况所代表的生活压力、从事行业所代表的收入水平和短期收入与长期收入的权衡。本研究从劳动力市场角度和劳动力市场的供给方农民工自身的角度来研究农民工流动决策和农民工流动决策影响因素，研究发现劳动力市场机制不能完全决定劳动力流动决策和劳动力流动，原因在于劳动力市场的配置机制和劳动力流动的决策机制存在着不一致。

本研究的主要创新性工作包括：

第一，从劳动力市场分割理论和劳动力流动理论出发，从劳动力市场和劳动力市场供给方两个相对应的角度及其比较，来研究农民工流动。对于当今基本是以劳动力市场为出发点来进行农民工流动的理论研究及实证研究，从劳动力市场供给方农民工自身的角度来研究农民工流动、流动决策和相关影响因素，为进一步研究农民工流动和农民工流动决策提供了新的思路和途径。从这两个角度的比较研究发现，劳动力市场配置机制和劳动力流动决策不一致，原因在于劳动力市场和劳动力决策的影响因素不同。同时，本研究将农民工群体分为返乡农民工和本土农民工两个子群体，通过对金融危机造成的返乡农民工和本土农民工在不同劳动力市场与相同劳动力市场的收入差距和影响因素的比较，来研究我国劳动力市场地区分割和农民工流动，为研究劳动力市场分割和进一步研究农民工群体提供了新的借鉴。

第二，将劳动力市场分割理论和新古典人力资本理论相结合，研究了2008年金融危机造成的农民工失业和流动，研究发现，劳动力市场分割理论关于流动障碍阻碍了劳动力在各子市场间的自由流动和劳动力市场，是非出清的核心假说对我国特有的农民工劳动力群体不适用。农民工可以在不同地区的劳动力子市场之间流动，并且经济发达地区劳动力市场可以向经济欠发达地区劳动力市场出清，出清的人群是没有在经济发达地区劳动力市场积累人力资本的农民工群体。同时，运用泰尔指数分解法，这个新的方法来验证了劳动力市场分割理论核心假说在我国的适用性，本研究的泰尔指数分解结果验证了我国劳动力市场地区分割和不同子市场中的工资决定和劳动力配置机制各不相同，新古典人力资本理论在较低端子市场中的适用性不强。研究发现我国不同地区的劳动力市场存在着不同的工资决定和劳动力配置机制，以受教育程度为代表的人力资本积累是经济发达地区劳动力市场工资决定和劳动力配置机制的决定因素，以性别差异而导致的体力差异所代表的人力资本是经济欠发达地区劳动力市场工资决定和劳动力配置机制的决定因素。

第三，结合劳动力市场分割理论和劳动力流动理论，用Logit模型从劳动力市场的供给方农民工自身的角度来研究农民工流动决策和农民工流动决策影响因素，研究发现劳动力市场机制不能完全决定劳动力流动决策和劳动力流动，原因在于劳动力市场的配置机制和劳动力流动的决策机制存在着不一致。劳动力市场关注的是劳动力的受教育程度和性别差异所代表的人力资本积累，劳动力市场供给方农民工流动决策并不关注受教育程度和性别差异因素，农民工所关注的影响因素是婚姻状况所代表的生活压力、从事行业所代表的收入水平和短期收入与长期收入的权衡。

8.2 研究展望

劳动力市场分割作为一个广阔的研究领域，其分割特性、工资定价机制与决定因素、收入差距及劳动力流动问题有着丰富的研究空间，本研究只从收入差距角度出发对该问题进行了一个初步的研究。具体来说，我们还需要从以下几个方面对当前研究工作进行深入的探讨和突破。

第一，从本书的研究结论可以发现，返乡农民工与本土农民工之间的收入差距并不明显，外出务工经历对这一差距的贡献也不显著。究其原因，一个可能的重要因素是本研究时间跨度比较短。在这一短时期内，两者的收入差距尚无法得到充分的体现。因此，为了进一步探究返乡农民工和本土农民工之间的收入差距问题，有必要进行长时间的跟踪研究。

第二，在我们的抽样调查中，我们发现返乡农民工和本土农民工对各级政府的信任程度有所差别。虽然就单纯的样本统计数据来看，这一差距并不明显，但仍有必要对这一问题进行深入研究：究竟这一差别是否显著存在？如果有，造成这一差距的经济和社会因素是什么？是什么决定了农民工对各级政府信任程度的排序？对这些问题的解答有助于各级政府及时调整和深化相关劳务工作，以及对实现城乡统筹等历史课题，具有重大的现实意义。

第三，在我们的抽样调查中观察到返乡农民工对城市的态度：他们的进城意愿如何？除收入因素外，还有什么因素可能影响他们的进城决策？他们在城市生活的最大成本和压力来源是什么？在城市的生活该他们带来了哪些改变？他们的个人价值能否得到城市的承认？从农民工的角度、需求、关注热点，对这些问题进行深入探究，不仅具有重大的理论意义，对于各级政府做好相关劳务工作，快速实现城镇化，发展区域经济，构建和谐社会来说，也具有重要的现实价值。

附　录

附录一：丰都县返乡农民工调查问卷表

《中华人民共和国统计法》第十五条规定：“属于私人、家庭的单项调查资料，非经本人同意，不得泄露。”

丰都县返乡农民工调查问卷表

<table>
<tr><td colspan="6">县(市、区)编码</td><td colspan="2">乡(镇、街道)编码</td><td colspan="3">村/居委会编码</td><td colspan="3">住户编码</td></tr>
<tr><td>5</td><td>0</td><td>0</td><td>2</td><td>3</td><td>0</td><td></td><td></td><td></td><td></td><td></td><td></td><td></td><td></td></tr>
</table>

表　　号：Ⅷ　509 表
文　　号：
有效期至：2009 年 9 月

被访者姓名：＿＿＿＿＿＿　联系电话：＿＿＿＿＿＿
户口所在地：＿＿＿县＿＿＿镇（乡）＿＿＿村＿＿＿
目前就业地：＿＿＿县＿＿＿镇（乡）＿＿＿村＿＿＿
被访者签名：＿＿＿＿＿＿＿＿

您好！

为进一步贯彻《国务院关于推进重庆市统筹城乡改革和发展的若干意见》，研究重庆市统筹城乡经济发展中遇到的问题，特进行农民就业和返乡农民工问题专项调查，希望得到您的配合。您提供的个人信息对重庆市建设统筹城乡的和谐社会具有重要的参考价值。我们承诺对您提供的信息严格保密，不向任何机构和个人泄露您所提供的原始信息。

感谢您的支持！

访问员姓名：＿＿＿＿＿＿　访问员联系电话：＿＿＿＿＿＿
问卷一审人：＿＿＿＿＿＿　问卷复核人：＿＿＿＿＿＿＿＿

一、农民个人基本信息
G1. 是否是返乡农民工： □ 1. 从未外出务工　2. 曾到丰都县外、重庆市内务工　3. 曾到重庆市外务工
G2. 年龄：________性别：________1. 男　2. 女 □□；□
G3. 文化程度（未毕业请注明辍学时年级）：________ □ 1. 未上学　2. 小学　3. 初中　4. 高中　5. 大专及以上
G4. 除正规学校教育外，您是否接受过培训？（最多选三项）________ □□□ 1. 农业生产培训　2. 非农业生产培训　3. 学徒工 4. 其他培训（请注明）________　5. 没有参加任何培训
G5. 婚姻状况：________ □ 1. 未婚　2. 已婚无子女　3. 已婚有子女　4. 离异或丧偶无子女　5. 离异或丧偶有子女
G6. 目前工作职业类型：________ □ 1. 管理人员　2. 技术人员　3. 生产工人　4. 建筑工人　5. 商贸服务人员 6. 家政服务人员　7. 居民服务人员　8. 个体业主　9. 灵活就业人员　10. 其他（请注明）__
G7. 目前工作行业：________ □ 1. 农、林、牧、渔业　2. 采掘业　3. 制造业　4. 建筑业　5. 交通运输、通信和仓储业 6. 批发和零售贸易、餐饮业　7. 社会服务业　8. 房地产业　9. 其他（请注明）________
G8. 目前工作单位类型：________ □ 1. 机关团体事业单位　2. 国有企业　3. 集体企业　4. 私营企业 5. 外资企业　6. 个体　7. 在家务农　8. 其他（请注明）________
G9. 在丰都县内务工打工信息渠道：________（如上题选择“7. 在家务农”，此题跳过不填）□ 1. 亲朋好友介绍　2. 招聘会　3. 政府的公益性职业中介　4. 非政府职业中介 5. 报纸/电台/网络等媒体　6. 自己创业　7. 其他（请注明）________
G10. 健康状况：________ □ 1. 健康，去年未进医院　2. 去年进医院门诊少于 5 次　3. 去年进医院门诊大于 5 次 4. 去年曾住院治疗　5. 去年大病或残疾，部分丧失劳动能力　6. 完全丧失劳动能力
G11. 上年医疗花费（元）：________ 其中，住院花费（元）：________ □□□□□；□□□□□ 门诊花费（元）：________　自购药品花费（元）：________　□□□□□；□□□□□
G12. 是否参加医疗保险（可多选）________ □□□□ 1. 农村新型合作医疗　2. 城镇医疗保险　3. 商业医疗保险 4. 其他（请说明）________　5. 没有参加任何医疗保险

续表

G13. 是否参加养老保险（可多选）________ 1. 农村社会养老保险　2. 城镇基本养老保险　3. 商业养老保险 4. 其他（请说明）________　5. 没有参加任何养老保险	□□□□
G14. 上月收入（元）：________	□□□□□
G15. 上月工作天数（天）：________	□□
G16. 上月平均每天工作时间长度（小时）：________	□□
G17. （17.1）本人上年总收入（元）：________ 其中，（17.2）农业生产收入（元）：________ （17.3）非农业生产收入（元）：________	□□□□□□ □□□□□□ □□□□□□
G18. （18.1）上年非农业生产活动时间（天）：________ （18.2）上年在家干农活时间（天）：________（18.3）上年在家休息时间（天）：________	□□□；□□□；□□□
如第1题选“2. 或者3.”，请回答第19题至第30题，若选“1.”，则跳过第19题至第30题	
G19. 在外务工多少年了？	□□
G20. 是否有家庭直系亲属在您外出务工之前已经外出务工：____　1. 是　2. 否	□
G21. 最近四次外出务工时间、地点：	

次数	时间	地点
21.1	________年____月至________年____月	________省（市、自治区）
21.2	________年____月至________年____月	________省（市、自治区）
21.3	________年____月至________年____月	________省（市、自治区）
21.4	________年____月至________年____月	________省（市、自治区）

G22. （22.1）单位或雇主是否拖欠工资？________ 1. 是，（22.2）总共被拖欠了________元　2. 否	□；□□□□□
G23. 返回丰都县就业或创业时间：________	□□□□
G24. 返回丰都县就业或创业原因：________ 1. 照顾家里老人或小孩　2. 外出务工工作不好找　3. 外出务工收入偏低 4. 积累了资金技术，回家乡寻找创业机会　5. 其他（请注明）________	□
G25. 您认为您返乡前和返乡后的收入对比情况怎样？________ 1. 返乡前收入高很多　2. 返乡前收入略高一点　3. 都差不多 4. 返乡后收入略高一点　5. 返乡后收入高很多　6. 其他（请注明）________	□

续表

G26. 您今后的就业打算？________ 1. 本地劳务　2. 本地非农自营　3. 本地非农务工　4. 回返乡前务工地找工作 5. 去另一个地方找工作　6. 不确定　7. 其他________	□
G27. 您返乡后是否有耕地可种？________　1. 是　2. 否	□
G28. 若无耕地可种，是什么原因？________ 1. 原来就没有分地 2. 耕地已转包 3. 亲戚朋友代种 4. 耕地由村集体统一经营 5. 耕地被征用 6. 其他________	□
G29. 您近期是否有收回耕地自己耕种的打算？________　1. 是　2. 否	□
G30. 如果您想近期收回耕地，您感到是否会有困难或产生纠纷________　1. 是　2. 否	□
G31. 您最希望政府在哪方面给予帮助？(可多选）________ 1. 提供就业信息　2. 帮助联系就业　3. 组织生产技能培训　4. 自主创业扶助 5. 提供贷款担保　6. 其他________	□□□□□□
G32. 是否有未归还借款或贷款：________ 1. 有用于生产银行贷款未还清　2. 有用于生产亲朋好友借款未还清 3. 有用于生活银行贷款未还清　4. 有用于生活亲朋好友借款未还清　5. 无任何外债	□□
G33. 您认为您今年的总收入与去年相比将会：________ 1. 大幅度增加　2. 小幅度增加　3. 差不多　4. 小幅度减少　5. 大幅度减少	□
二、农村居民家庭信息	
J1. （J1.1）家庭总人口：__其中，(J1.2) 劳动力人数：__　□□；□□；□□；□□；□□；□ （J1.3）大于60岁老人人数：________，(J1.4）小于16岁儿童人数：________ （J1.5）16~59岁丧失劳动能力人口：________，(J1.6）丧失劳动能力原因：________ 1. 先天残疾　2. 因病　3. 因工伤残　4. 其他（请注明）________	
J2. （J2.1）家庭去年的年收入：________□□□□□□；□□□□□□；□□□□□□ 其中，(J2.2）农业生产经营活动年收入：____，(J2.3）非农业生产经营活动年收入：____	
J3. （J3.1）家庭劳动力中基本不从事农业生产的人数：________　□□；□□；□□；□□ （J3.2）其中，在丰都县内从事非农业生产活动的人数：________ （J3.3）在丰都县外、重庆市内从事非农业生产活动的人数：________ （J3.4）在重庆市外从事非农业生产活动的人数：________	
J4. 家庭中是否有中共党员：__　1. 是　2. 否	□
J5. 家庭中是否有村干部或政府公务员、事业单位员工、教师：__　1. 是　2. 否	□

续表

J6. 家庭中是否有退役军人：__ 1. 是 2. 否	□
J7. 家庭成员中是否有人信仰宗教：________ 1. 是（请注明）________ 2. 否	□
J8. 家庭承包耕地面积：________亩	□□□
J9. 家庭拥有的宅基地、自留地等土地面积：________亩	□□□；□□□
J10. 家庭承包耕地经营情况（J10.1）（可根据情况多选，并在选项后填入数据）：__	□□□□
1. 自己经营（J10.2）__亩，上年农业经营活动纯收入：（J10.3）__	□□□；□□□□□□
2. 转包给他人进行农业生产（J10.4）__亩，上年收入：（J10.5）__	□□□；□□□□□□
3. 公司形式的单位租用进行规模化农业开发（J10.6）__亩，	□□□
上年收入：（J10.7）________	□□□□□□
4. 撂荒（J10.8）________亩	□□□
J11. 是否存在家庭农业生产劳动力不足的情况：________ 1. 不存在 2. 有些农忙时候人不够 3. 经常出现农活人不够的情况 4. 全年农活人都不够	□
三、现在工作地（居住地）社会环境和生活环境	
S1. 在过去1年中，您曾经参加以下哪些活动（1分表示从不，2分表示有时，3分表示经常。请填相应分数）？	□□□□□；□□□□□；□□□□

	从不	有时	经常		从不	有时	经常
S1.1 在村委会选举中投票	1	2	3	S1.8 向村委会提建议或意见	1	2	3
S1.2 与被选代表交涉	1	2	3	S1.9 参加村委会工作	1	2	3
S1.3 捐献	1	2	3	S1.10 参加志愿服务	1	2	3
S1.4 参加上访	1	2	3	S1.11 参加抗议或请愿	1	2	3
S1.5 参加写联名信	1	2	3	S1.12 参加座谈会、听证会等	1	2	3
S1.6 向新闻媒体反映有关本村的问题	1	2	3	S1.13 与其他本村居民讨论有关本村的问题	1	2	3
S1.7 向乡镇一级政府部门反映有关本村的问题	1	2	3	S1.14 向县级及县级以上政府部门反映有关本村的问题	1	2	3

续表

S2. 大体而言，您有多同意以下说法？（以下问题中的村指的是现在工作居住所在村、乡、镇）(1 分表示强烈不同意，2 分表示不同意，3 分表示不知道，4 分表示同意，5 分表示强烈同意。请填相应的分数) □□□□□；□□□□□；□□□□□；□□□□□；□□□□□；□					
S2. 1 在本村里有家的感觉	1	2	3	4	5
S2. 2 喜欢我的村	1	2	3	4	5
S2. 3 如果不得不搬走会很遗憾	1	2	3	4	5
S2. 4 本村中很多居民我不喜欢	1	2	3	4	5
S2. 5 在这个村很难交到好朋友	1	2	3	4	5
S2. 6 如果有需要，村里大多数人愿提供帮助	1	2	3	4	5
S2. 7 您对本村中所发生的事情感兴趣	1	2	3	4	5
S2. 8 您在意在村中的形象	1	2	3	4	5
S2. 9 您的本村责任感强烈	1	2	3	4	5
S2. 10 您如果做了对本村有益的事会感觉很好	1	2	3	4	5
S2. 11 相信对本村有益的也会对您有益	1	2	3	4	5
S2. 12 如果您在本村丢了财物，本村其他居民看见会归还给您	1	2	3	4	5
S2. 13 总的来说，本村居民之间关系是和睦的	1	2	3	4	5
S2. 14 总体来说，本村中大多数人都是相似的	1	2	3	4	5
S2. 15 本村中的人价值观比较相似	1	2	3	4	5
S2. 16 本村居民有共享的价值观与需求	1	2	3	4	5
S2. 17 您喜欢与不同生活方式的人做邻居	1	2	3	4	5
S2. 18 在意邻居怎么看待自己的行为	1	2	3	4	5
S2. 19 即使您的看法与别人不同，您也愿意发表意见	1	2	3	4	5
S2. 20 我是本村内重要的一分子	1	2	3	4	5
S2. 21 您不关心本村里其他人的看法	1	2	3	4	5
S2. 22 总体而言，您能影响本村面貌的改善	1	2	3	4	5
S2. 23 本村中的居民觉得他们对维持本村功能起着积极的作用	1	2	3	4	5
S2. 24 本村适合小孩子玩耍	1	2	3	4	5
S2. 25 本村适合青少年成长	1	2	3	4	5
S2. 26 本村适合老年人生活	1	2	3	4	5

续表

S3. 总体来说，您觉得您的邻里安全吗？ □

1. 很不安全　2. 不太安全　3. 一般　4. 比较安全　5. 很安全

S4. 您在多大程度上信任以下哪些人群和机构？□□；□□□□□；□□□□□；□□□□□

答案选项：1. 根本不信任　2. 不太信任　3. 不知道　4. 信任　5. 很信任

机构/人群	信任程度	机构/人群	信任程度	机构/人群	信任程度	机构/人群	信任程度
S4.1 军队		S4.2 中央政府		S4.3 陌生人		S4.4 新闻媒体	
S4.5 警察		S4.6 人民代表大会		S4.7 熟人		S4.8 学校	
S4.9 法院		S4.10 乡镇政府		S4.11 同村居民		S4.12 有经济往来的人	
S4.13 医院		S4.14 村委会		S4.15 家庭成员			
S4.16 打工的企业（未外出务工过不填）		S4.17 打工地碰到的同乡（未外出务工过不填）		S4.18 打工企业的同事（未外出务工过不填）		S4.19 打工地政府机构（未外出务工过不填）	

S5. 请您评价以下机构提供服务的效率。 □□□□□；□□□□

答案选项：1. 非常低　2. 比较低　3. 不知道　4. 比较高　5. 很高

机构	效率	机构	效率	机构	效率
S5.1 中央政府		S5.4 乡镇政府		S5.7 公立学校	
S5.2 省市政府		S5.5 村委会		S5.8 警察	
S5.3 区、县政府		S5.6 公立医院		S5.9 法院	

S6. 您对政治感兴趣吗？ □

1. 一点也不感兴趣　2. 不太感兴趣　3. 有点兴趣　4. 很感兴趣

S7. 您觉得您对影响您日常生活的政府决策有多大影响？ □

1. 几乎没有影响　2. 有一点影响　3. 影响比较大　4. 影响很大

续表

S8. 对于以下说法，您是否赞同？（1分表示强烈不同意，2分表示不同意，3分表示不知道，4分表示同意，5分表示强烈同意。请填相应的分数） □□□□；□□□□					
S8.1 我有资格参与政治	1	2	3	4	5
S8.2 我能很好地理解中国的重要政治事件	1	2	3	4	5
S8.3 如果让我成为政府官员，我同样能胜任	1	2	3	4	5
S8.4 我觉得我所了解的有关政治、政府的信息比一般人多	1	2	3	4	5
S8.5 对我这种人来说，政治太复杂了	1	2	3	4	5
S8.6 政府并不关心像我这样的人	1	2	3	4	5
S8.7 像我这样的人对政府工作没有发言权	1	2	3	4	5
S8.8 政府制定决策时不会考虑农民工的想法	1	2	3	4	5
S9. 您做如下事情的频率是多少（1分表示从不，2分表示曾经有过，3分表示不知道，4分表示偶尔，5分表示经常。请填相应的分数）？ □□□□；□□□					
S9.1 阅读报纸、杂志上的政治新闻	1	2	3	4	5
S9.2 观看电视上的政治新闻和政治节目	1	2	3	4	5
S9.3 与他人讨论政治问题	1	2	3	4	5
S9.4 说服朋友接受某种政治观点	1	2	3	4	5
S9.5 经常与政府联系	1	2	3	4	5
S9.6 在网络上阅读政治类的文章	1	2	3	4	5
S9.7 在网络上发表有关政治问题的帖子或文章（包括转载）	1	2	3	4	5
S10. 对于以下说法，您是否赞同（1分表示强烈不同意，2分表示不同意，3分表示不知道，4分表示同意，5分表示强烈同意。请填相应的分数）？ □□□□□					
S10.1 大多数情况下，我的生活接近于我的理想状态	1	2	3	4	5
S10.2 我的生活条件很好	1	2	3	4	5
S10.3 我对我的生活感到满意	1	2	3	4	5
S10.4 目前，我已经得到人生里想要的重要事物	1	2	3	4	5
S10.5 假如我可以从头再活一次，我没有什么要做出改变	1	2	3	4	5

续表

S11. 最近三个月，您是否经常有如下感受（1 分表示从来没有，2 分表示最近没有，3 分表示不知道，4 分表示最近有过，5 分表示经常有请填相应的分数）？ □□□□；□□□□；□□□□					
S11. 1 因焦虑而失眠	1	2	3	4	5
S11. 2 一直感到精神紧张	1	2	3	4	5
S11. 3 觉得不开心或者很沮丧	1	2	3	4	5
S11. 4 觉得生活中有很多不可克服的困难	1	2	3	4	5
S11. 5 对自己失去信心	1	2	3	4	5
S11. 6 觉得自己是一个无用的人	1	2	3	4	5
S11. 7 能够集中精力于自己所作的事情	1	2	3	4	5
S11. 8 自己在某些事件中发挥了重要作用	1	2	3	4	5
S11. 9 有能力做出决策	1	2	3	4	5
S11. 10 可以不回避面临的困难	1	2	3	4	5
S11. 11 喜欢日常的活动	1	2	3	4	5
S11. 12 总的来说，自己感到适度的愉快	1	2	3	4	5
四、外出返乡农民对城市的看法（如果曾外出务工，请填写下列 C1 - C10 题）					
C1. 如果不考虑收入原因，您更愿意待在城里还是农村：________ □ 1. 城里 2. 农村					
如果上题选“2.”，则不用回答 C2 题					
C2. 不考虑收入原因，更愿意在城里生活的原因是：（可多选）________ □□□□□□□ 1. 城里生活方便，水电气、公交等公用设施配套齐全 2. 城里娱乐活动丰富 3. 子女在城里能接受到更好的教育 4. 城里环境整洁 5. 城里能看到更多的新事物、获取更多的信息 6. 其他（请注明）________					
C3. 在外务工期间是否曾经有过被城里人看不起的感觉：________ □ 1. 有过被城里人看不起 2. 没有过被城里人看不起 3. 没感觉					
C4. 您是否愿意放弃农村土地、住房等财产，进城定居：________ □ 1. 愿意无条件放弃 2. 需要以农村现行价格转让，才愿意放弃 3. 需要高于农村现行价格转让，才愿意放弃 4. 不愿意					

续表

C5. 以您以前在城市打工的工作和收入水平来看，如果决定进城定居最大的生活成本和生活压力是：________ □ 1. 购买住房　2. 子女受教育　3. 工作不稳定　4. 医疗
C6. 外出务工的经历是否使您对子女受教育的看法发生改变？________ □ 1. 外出务工经历使我觉得读书有用，更愿意让子女接受高中及以上非义务教育阶段教育 2. 外出务工经历使我觉得读书没有什么用处，希望子女尽早进入社会外出打工 3. 外出务工经历使我觉得学技术很有用，更愿意让子女接受职业教育 4. 外出务工经历没有改变我对子女受教育的看法 5. 外出务工经历使我对子女受教育有了其他新的看法，比如（请注明）________
C7. 外出务工经历是否使您与没有外出过的农民相比，在当地就业更具优势？________ □ 1. 我比没有外出务工过的农民在就业竞争中更具优势 2. 我和没有外出务工过的农民在就业竞争中差不多 3. 没有外出务工过的农民比我在就业竞争中更具优势
C8. 外出务工经历是否使您与没有外出过的农民相比，在当地就业收入更高？________ □ 1. 我比没有外出务工过的农民收入更高 2. 我与没有外出务工过的农民收入差不多 3. 没有外出务工过的农民比我收入更高
C9. 您觉得您外出务工的地方，社会承认您的价值吗？________ □ 1. 完全不承认　2. 不太承认　3. 有点承认　4. 完全承认
C10. 您觉得您从外出务工地返回家乡，本村镇承认您的价值吗？________ □ 1. 完全不承认　2. 不太承认　3. 有点承认　4. 完全承认

附录二：作者在攻读博士学位期间发表的论文目录

［1］王顺克，张洪铭，关文忠．三峡库区农村移民安置环境及生活状况评价［N］. 重庆三峡学院学报，2008（6）：1－4.

［2］张洪铭，张宗益，陈文梅．房产税改革试点效应分析［J］. 税务

研究，2011（4）：35－37.

［3］张洪铭，张宗益．重庆市财政收入与经济增长关系的实证研究［J］．财政研究，2011（5）：50－52.

［4］张洪铭．以农民工为突破口探索缩小三大差距［J］．城乡统筹，2011（6）：98－101.

附录三：作者在攻读博士学位期间参加的科研项目

［1］张洪铭，课题参与人，统筹城乡发展，建立重庆“以工促农、以城带乡”长效机制对策研究，中央党校重点项目，2009。

［2］张洪铭，课题副组长，渝东北城乡差距测度与产业结构优化，重庆市科委项目，2009。

［3］张洪铭，课题参与人，重庆三峡库区资源承载能力与人口政策研究，重庆社科联项目，2010。

［4］张洪铭，课题参与人，三峡库区移民监测与预警系统，国家社科基金项目，2010。

附录四：作者在攻读博士学位期间出版的著作

［1］张洪铭，合著者，中国保险业重大现实问题，机械工业出版社，2006。

［2］张洪铭，合著者，重庆三峡库区可持续研究报告，长江出版社，2009。

附录五：丰都县返乡农民工调查问卷数据分析表

表1　当前户口所在地分布

户　口 所在地	合计数（人）			占总数百分比（%）		
	本地	返乡	总计	本地	返乡	总计
包鸾镇	22	18	40	2.1	1.7	3.8
保合镇	20	20	40	1.9	1.9	3.8
崇兴镇	13	11	24	1.2	1.1	2.3
董家镇	25	22	47	2.4	2.1	4.5
都督镇	4	3	7	0.4	0.3	0.7
高家镇	28	33	61	2.7	3.2	5.8
虎威镇	12	11	23	1.1	1.1	2.2
江池镇	14	12	26	1.3	1.1	2.5
栗子镇	10	9	19	1.0	0.9	1.8
龙河镇	35	35	70	3.4	3.4	6.7
龙孔镇	22	21	43	2.1	2.0	4.1
南天湖镇	10	3	13	1.0	0.3	1.2
青龙乡	7	7	14	0.7	0.7	1.3
仁沙镇	25	23	48	2.4	2.2	4.6
三坝乡	11	3	14	1.1	0.3	1.3
三合镇	41	42	83	3.9	4.0	8.0
三元镇	18	18	36	1.7	1.7	3.4
社坛镇	31	36	67	3.0	3.4	6.4
树人镇	29	22	51	2.8	2.1	4.9
三建乡	9	6	15	0.9	0.6	1.4
暨龙镇	7	9	16	0.7	0.9	1.5

续表

户口所在地	合计数（人）			占总数百分比（%）		
	本地	返乡	总计	本地	返乡	总计
双龙场乡	16	14	30	1.5	1.3	2.9
双路镇	15	14	29	1.4	1.3	2.8
太平坝乡	4	2	6	0.4	0.2	0.6
武平镇	14	13	27	1.3	1.2	2.6
兴义镇	30	29	59	2.9	2.8	5.7
许明寺镇	15	14	29	1.4	1.3	2.8
湛普镇	7	7	14	0.7	0.7	1.3
十直镇	29	31	60	2.8	3.0	5.7
名山镇	18	15	33	1.7	1.4	3.2
总计	541	503	1044	51.8	48.2	100.0

表2 外出务工与性别

姓别	求和项			占总数百分比（%）		
	本地	返乡	总计	本地	返乡	总计
男	460	430	890	44.1	41.2	85.2
女	81	73	154	7.8	7.0	14.8
总计	541	503	1044	51.8	48.2	100.0

表3 外出务工与文化

受教育程度	总数（人）			占总数百分比（%）		
	本地	返乡	总计	本地	返乡	总计
未上过学	9	1	10	0.9	0.1	1.0
小学	107	65	172	10.2	6.2	16.5
初中	329	350	679	31.5	33.5	65.0
高中	84	75	159	8.0	7.2	15.2
大专以上	12	12	24	1.1	1.1	2.3
总计	541	503	1044	51.8	48.2	100.0

表4　外出务工与年龄

年龄	总数（人）			占总数百分比（%）		
	本地	返乡	总计	本地	返乡	总计
0～9		2	2	0.0	0.2	0.2
10～19		2	2	0.0	0.2	0.2
20～29	24	53	77	2.3	5.1	7.4
30～39	126	197	323	12.1	18.9	30.9
40～49	228	196	424	21.8	18.8	40.6
50～59	125	45	170	12.0	4.3	16.3
60～69	33	8	41	3.2	0.8	3.9
70～79	5		5	0.5	0.0	0.5
总计	541	503	1044	51.8	48.2	100.0

表5　外出务工与培训

培训	总数（人）			占总数百分比（%）		
	本地	返乡	总计	本地	返乡	总计
农业生产培训	119	64	183	9.3	5.0	14.3
非农业生产培训	115	143	258	9.0	11.2	20.2
学徒工	86	127	213	6.7	10.0	16.7
其他培训	58	64	122	4.5	5.0	9.6
没参加任何培训	270	230	500	21.2	18.0	39.2
总计	648	628	1276	50.8	49.2	100.0

注：总数大于1044是因为有的参加两项以上的培训。

表6　外出务工与婚姻状况

婚姻状况	总数（人）			占总数百分比（%）		
	本地	返乡	总计	本地	返乡	总计
未婚	20	23	43	1.9	2.2	4.1
已婚无子女	16	12	28	1.5	1.1	2.7
已婚有子女	494	457	951	47.3	43.8	91.1
离异或丧偶无子女	2	3	5	0.2	0.3	0.5
离异或丧偶有子女	9	8	17	0.9	0.8	1.6
总计	541	503	1044	51.8	48.2	100.0

表 7　外出务工与职业

职业	总数（人）			占总数百分比（%）		
	本地	返乡	总计	本地	返乡	总计
管理人员	10	8	18	1.0	0.8	1.7
技术人员	25	34	59	2.4	3.3	5.7
生产工人	38	41	79	3.6	3.9	7.6
建筑工人	26	96	122	2.5	9.2	11.7
商贸服务人员	50	36	86	4.8	3.4	8.2
家政服务人员	9	8	17	0.9	0.8	1.6
居民服务人员	27	10	37	2.6	1.0	3.5
个体业主	210	149	359	20.1	14.3	34.4
灵活就业人员	61	75	136	5.8	7.2	13.0
其他	85	46	131	8.1	4.4	12.5
总计	541	503	1044	51.8	48.2	100.0

表 8　职业分布排位与结构比表

职业	返乡（人）	排位
个体业主	149	1
建筑工人	96	2
灵活就业人员	75	3
其他	46	4
生产工人	41	5
商贸服务人员	36	6
技术人员	34	7
居民服务人员	10	8
管理人员	8	9
家政服务人员	8	9

表 9　占该职业相对数排位表

	返乡（%）	排位
建筑工人	78.7	1
技术人员	57.6	2
灵活就业人员	55.1	3
生产工人	51.9	4
家政服务人员	47.1	5
管理人员	44.4	6
商贸服务人员	41.9	7
个体业主	41.5	8
其他	35.1	9
居民服务人员	27.0	10

表 10　外出务工与行业

行业	总数（人）			占总数百分比（%）		
	本地	返乡	总计	本地	返乡	总计
农林牧渔业	174	113	287	16. 7	10. 8	27. 5
采掘业	3	4	7	0. 3	0. 4	0. 7
制造业	21	32	53	2. 0	3. 1	5. 1
建筑业	28	104	132	2. 7	10. 0	12. 6
交通运输通信和仓储业	33	64	97	3. 2	6. 1	9. 3
批发零售贸易餐饮业	169	121	290	16. 2	11. 6	27. 8
社会服务业	66	35	101	6. 3	3. 4	9. 7
房地产业	1	1	2	0. 1	0. 1	0. 2
其他	46	29	75	4. 4	2. 8	7. 2
总计	541	503	1044	51. 8	48. 2	100. 0

表 11　行业分布排位与结构比表

行业	返乡（人）	排位
批发零售贸易餐饮业	121	1
农林牧渔业	113	2
建筑业	104	3
交通运输通信和仓储业	64	4
社会服务业	35	5
制造业	32	6
其他	29	7
采掘业	4	8
房地产业	1	9

表 12　占该行业相对数排位表

行业	返乡（%）	排位
建筑业	78. 8	1
交通运输通信和仓储业	66. 0	2
制造业	60. 4	3
采掘业	57. 1	4
房地产业	50. 0	5
批发零售贸易餐饮业	41. 7	6
农林牧渔业	39. 4	7
其他	38. 7	8
社会服务业	34. 7	9

表 13 外出务工与现工作单位类型

类型	总数（人）			占总数百分比（%）		
	本地	返乡	总计	本地	返乡	总计
机关团体事业单位	4	3	7	0.4	0.3	0.7
国有企业	2	4	6	0.2	0.4	0.6
集体企业	3	11	14	0.3	1.1	1.3
私营企业	34	70	104	3.3	6.7	10.0
外资企业	0	3	3	0.0	0.3	0.3
个体	313	309	622	30.0	29.6	59.6
在家务农	169	86	255	16.2	8.2	24.4
其他	16	17	33	1.5	1.6	3.2
总计	541	503	1044	51.8	48.2	100.0

表 14 类型分布排位与结构比表

	返乡农民工（人）	排位
个体	309	1
在家务农	86	2
私营企业	70	3
其他	17	4
集体企业	11	5
国有企业	4	6
机关团体事业单位	3	7
外资企业	3	7

表 15 占该类型相对数排位表

	返乡农民工（%）	排位
外资企业	100.0	1
集体企业	78.6	2
私营企业	67.3	3
国有企业	66.7	4
其他	51.5	5
个体	49.7	6
机关团体事业单位	42.9	7
在家务农	33.7	8

表 16 外出务工与健康状况统计表

	总数（人）			占总数百分比（%）		
	本地	返乡	总计	本地	返乡	总计
健康，去年未进医院	438	419	857	42.0	40.1	82.1
去年进医院门诊少于 5 次	60	49	109	5.7	4.7	10.4
去年进医院门诊大于 5 次	15	9	24	1.4	0.9	2.3
去年曾住院治疗	26	18	44	2.5	1.7	4.2
去年大病或残疾，部分丧失劳动能力	2	7	9	0.2	0.7	0.9
完全丧失劳动能力		1	1	0.0	0.1	0.1
总计	541	503	1044	51.8	48.2	100.0

表 17 平均医疗费花费统计表

	平均值/元			占同列百分比（%）		
	本地	返乡	总计	本地	返乡	总计
上年医疗费花费	727	759	742	100	100	100
其中：住院花费	447	359	404	61.5	47.3	54.5
门诊花费	117	103	110	16.1	13.6	14.8
自购药品花费	163	297	228	22.4	39.1	30.7

表 18 参加医疗保险情况统计表

	总数（人）			占同列百分比（%）		
	本地	返乡	总计	本地	返乡	总计
农村新型合作医疗	497	463	960	91.9	91.3	91.6
城镇医疗保险	5	7	12	0.9	1.4	1.1
商业医疗保险	8	9	17	1.5	1.8	1.6
其他		3	3	0.0	0.6	0.3
没有参加任何医疗保险	31	25	56	5.7	4.9	5.3
总计	541	507	1048	100.0	100.0	100.0

注：4 名返乡农民工参加两项保险。

表19 参加养老保险情况

	总数（人）			占同列百分比（%）		
	本地	返乡	总计	本地	返乡	总计
农村社会养老保险	26	19	45	4.8	3.8	4.3
城镇基本养老保险	10	6	16	1.8	1.2	1.5
商业养老保险	12	11	23	2.2	2.2	2.2
其他	5	8	13	0.9	1.6	1.2
没有参加任何养老保险	488	459	947	90.2	91.3	90.7
总计	541	503	1044	100.0	100.0	100.0

表20 收入结构、工作时间结构统计表

	平均值项			占同行百分比（%）		
	本地	返乡	总计	本地	返乡	总计
上月收入（元）	1675	1501	1591	105.3	94.3	100.0
上月工作天数（天）	25	24	25	100.0	96.0	100.0
上月平均每天工作时间长度（小时）	9	9	9	100.0	100.0	100.0
本人上年总收入（元）	16430	17768	17075	96.2	104.1	100.0
其中：农业生产收入（元）	2374	1977	2183	108.7	90.6	100.0
非农业生产收入（元）	14052	15739	14865	94.5	105.9	100.0
上年非农业生产活动时间（天）	216	253	234	92.3	108.1	100.0
上年在家干农活时间（天）	87	60	74	117.6	81.1	100.0
上年在家休息时间（天）	53	59	56	94.6	105.4	100.0

表 21　第 1 次外出务工起始、结束时间人数统计

结束 起始	1987	1988	1989	1990	1991	1992	1993	1994	1995	1996	1997	1998	1999	2000	2001	2002	2003	2004	2005	2006	2007	2008	2009	总计
1974																						1		1
1984	1																							1
1985		2																						2
1986													1											1
1987			2										1			1								4
1988			1						1						1									3
1989					1								1											2
1990				1	1				1													1		4
1991					1	2	1	3				1												8
1992						1	4				2		1		1	1					1		1	12
1993							2	1	5	1	1	1					1				2	1		15
1994								2	3	3	3	2						1			1	1	1	17
1995									3	5		2	1			1	1	1		1	2	1		18
1996										2	1		3	3		1	2	1						13
1997											1	2	4	1							1			9
1998												2	2	3	1		1					2	2	13
1999														1	4	2	1	1			2		1	12
2000														3	2	5	1	3		2		2		18
2001															4	2	6	2	4	3	1	2	1	25
2002																5	4	1		1		1	1	13
2003																	3	11	11	3	2	7	3	40
2004																		6	21	5	5	4	4	45
2005																			20	14	6	10	6	56
2006																		1		17	15	17	9	59
2007																					11	28	14	53
2008																						20	14	34
2009																							5	5
总计	1	2	3	1	3	3	7	6	13	11	8	10	14	11	13	18	20	28	56	46	49	98	62	483

注：在 503 曾外出务工人员中，有 20 人未填写外出务工时间。

表22　第2次外出务工起始、结束时间人数统计

结束 起始	1992	1993	1994	1995	1996	1997	1998	1999	2000	2001	2002	2003	2004	2005	2006	2007	2008	2009	总计
1989				1															1
1991	1																		1
1992		1																	1
1993		2		1			1												4
1994			2	1	1														4
1995				1	1	1	1												4
1996							3		1										4
1997							1	2		1				1					5
1998													1						1
1999									2	1	3								6
2000									1	4	3	1	2			1			12
2001											3		2	2					7
2002												3	3	4	1				11
2003												4	6	1	1		2		14
2004													4	11	3	1			19
2005														9	19	6	3	1	38
2006															21	17	1	2	41
2007																14	15	4	33
2008																2	18	11	31
2009																		6	6
总计	1	3	2	4	2	1	6	2	4	6	9	8	18	28	45	41	39	24	243

表 23　第 3 次外出务工起始、结束时间人数统计

起始＼结束	1992	1994	1996	1998	1999	2000	2002	2003	2004	2005	2006	2007	2008	2009	总计
1991	1						1								2
1993		1													1
1994		1													1
1996			1	1											2
1998					1					1					2
1999						1	1								2
2000											1		1		2
2001							2		2	2	1				7
2002							2	3	1	1					7
2003								2	3	3	1				9
2004									1	6	2	1	1		11
2005										6	12	3		2	23
2006											11	16	2	1	30
2007												22	20	3	45
2008													16	7	23
2009														7	7
总计	1	2	1	1	1	1	6	5	7	19	28	42	40	20	174

表 24　第 4 次外出务工起始、结束时间人数统计

起始＼结束	1990	1995	1997	2000	2001	2002	2003	2004	2005	2006	2007	2008	2009	总计
1990	1													1
1995		1												1
1997			1											1
1999				2	1									3
2001						1								1
2002						1	1			1				3
2003							3	1						4
2004								1	2	1				4
2005									3	3	4	2		12
2006										6	13	3		22
2007											4	14	2	20
2008												21	20	41
2009													15	15
总计	1	1	1	2	1	2	4	2	5	11	21	40	37	128

表 25　返乡农民工务工期间工资拖欠情况

		绝对数	占比（%）
频数（人）	拖欠工资	23	4.7
	未拖欠	480	95.3
	合计	503	100.0
拖欠金额（元）		40402	

表 26　农民工返乡创业或就业时间

时间	返乡创业人数（人）	时间	返乡创业人数（人）
1988	1	2000	8
1989	2	2001	3
1990	4	2002	8
1992	1	2003	14
1993	2	2004	10
1994	5	2005	16
1995	59	2006	18
1996	5	2007	41
1997	5	2008	114
1998	7	2009	149
1999	7	总计	479

表 27　农民工返乡原因统计

	到县外市内务工（人）	到市外务工（%）
照顾家里老人或小孩	182	36.7
外出务工工作不好找	120	24.2
外出务工收入偏低	58	11.7
积累了资金技术，回家乡寻找创业机会	113	22.8
其他	23	4.6
总计	496	100.0

表 28　农民工返乡前后收入对比统计

	绝对数	相对数（%）
返乡前收入高很多	93	18.6
返乡前收入略高一点	127	25.5
都差不多	170	34.1
返乡后收入略高一点	76	15.2
返乡后收入高很多	24	4.8
其他	9	1.8
总计	499	100.0

表 29　返乡农民工今后打算统计

	绝对数	相对数（%）
本地劳务	66	13.3
本地非农自营	175	35.4
本地非农务工	55	11.1
回返乡前务工地找工作	36	7.3
去另一个地方找工作	18	3.6
不确定	131	26.5
其他	14	2.8
总计	495	100.0

表 30　返乡后是否有地可种及原因

	绝对数	相对数（%）
返乡后有地可种	404	81.6
返乡后无地可种	91	18.4
总计	495	100.0
原来就没有分地	12	5.3
耕地已转包	19	8.4
亲戚朋友代种	152	67.6
耕地由村集体统一经营	3	1.3
耕地被征用	20	8.9
其他	19	8.4
总计	225	100.0

表 31　是否有回收耕地自己种的打算

	绝对数	相对数（%）
是	111	37.4
否	186	62.6
总计	297	100.0

表 32　近期回收耕地是否有困难或发生纠纷

	绝对数	相对数（%）
是	27	9.4
否	260	90.6
总计	287	100.0

表 33　希望政府在哪方面给予帮助

	绝对数	相对数（%）
提供就业信息	161	17.3
帮助联系就业	151	16.2
组织生产技能培训	150	16.1
自主创业扶助	269	28.9
提供贷款担保	193	20.7
其他	7	0.8
总计	931	100.0

表 34　是否有未归还借款或贷款

	绝对数	相对数（%）
有用于生产银行贷款未还清	27	5.4
有用于生产亲朋好友借款未还清	44	8.8
有用于生活银行贷款未还清	8	1.6
有用于生活亲朋好友借款未还清	37	7.4
无任何外债	385	76.8
总计	501	100.0

表 35　认为今年总收入与去年相比

	绝对数	相对数（%）
大幅度增加	6	1.2
小幅度增加	73	14.7
差不多	202	40.6
小幅度减少	140	28.2
大幅度减少	76	15.3
总计	497	100.0

表 36　家庭人口构成统计

	绝对数			相对数（%）		
	未曾外出务工	曾外出务工	总计	未曾外出务工	曾外出务工	总计
家庭总人口	2116	2089	4205			
其中：劳动力人数	1316	1231	2547	62.2	58.9	60.6
大于 60 岁老人人数	276	260	536	13.0	12.4	12.7
小于 16 岁儿童人数	440	516	956	20.8	24.7	22.7
16～69 岁丧失劳动能力人员	84	82	166	4.0	3.9	3.9
先天残疾	5	2	7	13.9	5.1	9.3
因病	24	27	51	66.7	69.2	68.0
因工伤残	2	2	4	5.6	5.1	5.3
其他	5	8	13	13.9	20.5	17.3
合计	36	39	75	100.0	100.0	100.0

表 37　家庭收入情况统计

	绝对数（平均值）			相对数（%）		
	未曾外出务工	曾外出务工	总计	未曾外出务工	曾外出务工	总计
家庭去年年收入	25896	27142	26519	100.0	100.0	100.0
农业生产经营活动收入	5802	5249	5542	22.4	19.3	20.9
非农业生产经营活动收入	20094	21893	20977	77.6	80.7	79.1

表 38　家庭成员中是否有中共党员

	绝对数			相对数（%）		
	未曾外出务工	曾外出务工	总计	未曾外出务工	曾外出务工	总计
有	157	120	277	29.3	24.1	26.8
没有	378	378	756	70.7	75.9	73.2
合计	535	498	1033	100.0	100.0	100.0

表 39　家庭中是否有村干部、公务员、事业单位员工和教师

	绝对数			相对数（%）		
	未曾外出务工	曾外出务工	总计	未曾外出务工	曾外出务工	总计
有	99	56	155	18.5	11.3	15.0
没有	435	441	876	81.5	88.7	85.0
合计	534	497	1031	100.0	100.0	100.0

表 40　家庭中是否有退役军人

	绝对数			相对数（%）		
	未曾外出务工	曾外出务工	总计	未曾外出务工	曾外出务工	总计
有	40	45	85	7.5	9.2	8.3
没有	493	446	939	92.5	90.8	91.7
合计	533	491	1024	100.0	100.0	100.0

表 41　家庭中是否有人信仰宗教

	绝对数			相对数（%）		
	未曾外出务工	曾外出务工	总计	未曾外出务工	曾外出务工	总计
有	3	7	10	0. 6	1. 4	1. 0
没有	527	485	1012	99. 4	98. 6	99. 0
合计	530	492	1022	100. 0	100. 0	100. 0

表 42　家庭土地资源平均数　　　　单位：亩

	未曾外出务工	曾外出务工	总计
家庭拥有承包地面积	3. 67	3. 41	3. 54
家庭拥有宅基地面积	0. 67	0. 75	0. 72
家庭拥有自留地面积	1. 46	1. 25	1. 36

家庭土地经营情况统计

(1) 自己经营

表 43　人数　　　　单位：人

	未曾外出务工	曾外出务工	总计
耕地	364	346	710
林地	33	15	48
总计	397	361	758

表 44　平均面积　　　　单位：亩

	未曾外出务工	曾外出务工	总计
耕地	2. 79	2. 87	2. 83
林地	2634. 47	183. 23	1868. 50

表45　上年平均收入　　单位：元

	未曾外出务工	曾外出务工	总计
耕地	4036	3773	3908
林地	33622	9935	26778

（2）转包给他人

表46　人数　　单位：人

	未曾外出务工	曾外出务工	总计
耕地	171	161	332
林地	2		2
总计	173	161	334

表47　平均面积　　单位：亩

	未曾外出务工	曾外出务工	总计
耕地	2.13	2.27	2.20
林地	1050.00		1050.00

表48　上年平均收入　　单位：元

	未曾外出务工	曾外出务工	总计
耕地	947	881	915
林地	30000		30000

（3）公司形式租用与规模开发

表49　人数　　单位：人

	未曾外出务工	曾外出务工	总计
耕地	85	67	152
林地		3	3
总计	85	70	155

表50　平均面积　　单位：亩

	未曾外出务工	曾外出务工	总计
耕地	0.04	0.10	0.07
林地		676.67	676.67

表 51　上年平均收入　　　　单位：元

	未曾外出务工	曾外出务工	总计
耕地	522	3308	1750
林地		56683	56683

（4）撂荒

表 52　人数　　　　单位：人

	未曾外出务工	曾外出务工	总计
耕地	99	82	181
林地	1	1	2
总计	100	83	183

表 53　平均面积　　　　单位：亩

	未曾外出务工	曾外出务工	总计
耕地	0.4	0.3	0.4
林地	10.0	138.0	74.0

表 54　是否存在家庭农业生活劳力不足

	平均值项			占同列百分比（%）		
	未曾外出务工	曾外出务工	总计	未曾外出务工	曾外出务工	总计
不存在	274	291	565	57.3	62.7	60.0
有些农忙时候人不够	170	143	313	35.6	30.8	33.2
经常出现农活人不够的情况	21	20	41	4.4	4.3	4.4
全年农活动人都不够	13	10	23	2.7	2.2	2.4
总计	478	464	942	100.0	100.0	100.0

注：有 102 份问卷未回答。

表 55 在村委会选举中投票

	计数项			占同列百分比（%）		
	未曾外出务工	曾外出务工	总计	未曾外出务工	曾外出务工	总计
从不	61	68	129	11.3	13.6	12.4
有时	255	270	525	47.3	54.0	50.5
经常	223	162	385	41.4	32.4	37.1
总计	539	500	1039	100.0	100.0	100.0

表 56 与被选代表交涉

	计数项			占同列百分比（%）		
	未曾外出务工	曾外出务工	总计	未曾外出务工	曾外出务工	总计
从不	205	218	423	38.1	43.6	40.8
有时	256	232	488	47.6	46.4	47.0
经常	77	50	127	14.3	10.0	12.2
总计	538	500	1038	100.0	100.0	100.0

表 57 捐献

	计数项			占同列百分比（%）		
	未曾外出务工	曾外出务工	总计	未曾外出务工	曾外出务工	总计
从不	80	72	152	14.9	14.4	14.6
有时	393	360	753	73.0	71.9	72.5
经常	65	69	134	12.1	13.8	12.9
总计	538	501	1039	100.0	100.0	100.0

表 58　参加上访

	计数项			占同列百分比（%）		
	未曾外出务工	曾外出务工	总计	未曾外出务工	曾外出务工	总计
从不	505	469	974	94.0	93.8	93.9
有时	28	26	54	5.2	5.2	5.2
经常	4	5	9	0.7	1.0	0.9
总计	537	500	1037	100.0	100.0	100.0

表 59　参加写联名信

	计数项			占同列百分比（%）		
	未曾外出务工	曾外出务工	总计	未曾外出务工	曾外出务工	总计
从不	487	461	948	90.5	92.2	91.3
有时	46	32	78	8.6	6.4	7.5
经常	5	7	12	0.9	1.4	1.2
总计	538	500	1038	100.0	100.0	100.0

表 60　向新闻媒体反映有关本村的问题

	计数项			占同列百分比（%）		
	未曾外出务工	曾外出务工	总计	未曾外出务工	曾外出务工	总计
从不	480	455	935	89.6	91.0	90.3
有时	45	39	84	8.4	7.8	8.1
经常	11	6	17	2.1	1.2	1.6
总计	536	500	1036	100.0	100.0	100.0

表61　向乡镇一级政府部门反映有关本村的问题

	计数项			占同列百分比（%）		
	未曾外出务工	曾外出务工	总计	未曾外出务工	曾外出务工	总计
从不	292	323	615	54. 4	64. 7	59. 4
有时	211	160	371	39. 3	32. 1	35. 8
经常	34	16	50	6. 3	3. 2	4. 8
总计	537	499	1036	100. 0	100. 0	100. 0

表62　向村委会提建议或意见

	计数项			占同列百分比（%）		
	未曾外出务工	曾外出务工	总计	未曾外出务工	曾外出务工	总计
从不	104	114	218	19. 4	22. 8	21. 0
有时	346	331	677	64. 4	66. 2	65. 3
经常	87	55	142	16. 2	11. 0	13. 7
总计	537	500	1037	100. 0	100. 0	100. 0

表63　参加村委会工作

	计数项			占同列百分比（%）		
	未曾外出务工	曾外出务工	总计	未曾外出务工	曾外出务工	总计
从不	263	297	560	49. 1	59. 5	54. 1
有时	177	150	327	33. 0	30. 1	31. 6
经常	96	52	148	17. 9	10. 4	14. 3
总计	536	499	1035	100. 0	100. 0	100. 0

表 64　参加志愿服务

	计数项			占同列百分比（%）		
	未曾外出务工	曾外出务工	总计	未曾外出务工	曾外出务工	总计
从不	177	183	360	32.9	36.5	34.6
有时	299	271	570	55.6	54.1	54.9
经常	62	47	109	11.5	9.4	10.5
总计	538	501	1039	100.0	100.0	100.0

表 65　参加抗议或请愿

	计数项			占同列百分比（%）		
	未曾外出务工	曾外出务工	总计	未曾外出务工	曾外出务工	总计
从不	476	450	926	89.3	90.2	89.7
有时	42	42	84	7.9	8.4	8.1
经常	15	7	22	2.8	1.4	2.1
总计	533	499	1032	100.0	100.0	100.0

表 66　参加座谈会、听证会等

	计数项			占同列百分比（%）		
	未曾外出务工	曾外出务工	总计	未曾外出务工	曾外出务工	总计
从不	172	199	371	32.1	40.0	35.9
有时	290	250	540	54.2	50.2	52.3
经常	73	49	122	13.6	9.8	11.8
总计	535	498	1033	100.0	100.0	100.0

表 67　与其他本村居民讨论有关本村的问题

	计数项			占同列百分比（%）		
	未曾外出务工	曾外出务工	总计	未曾外出务工	曾外出务工	总计
从不	129	166	295	24.1	33.2	28.5
有时	312	262	574	58.3	52.4	55.5
经常	94	72	166	17.6	14.4	16.0
总计	535	500	1035	100.0	100.0	100.0

表 68　向县级及县级以上政府部门反映有关本村的问题

	计数项			占同列百分比（%）		
	未曾外出务工	曾外出务工	总计	未曾外出务工	曾外出务工	总计
从不	409	409	818	76.3	82.5	79.3
有时	101	64	165	18.8	12.9	16.0
经常	26	23	49	4.9	4.6	4.7
总计	536	496	1032	100.0	100.0	100.0

表 69　在本村里有家的感觉

	计数项			占同列百分比（%）		
	未曾外出务工	曾外出务工	总计	未曾外出务工	曾外出务工	总计
强烈不同意	5	13	18	0.9	2.6	1.7
不同意	16	17	33	3.0	3.4	3.2
不知道	30	23	53	5.6	4.6	5.1
同意	401	361	762	74.8	72.2	73.6
强烈同意	84	86	170	15.7	17.2	16.4
总计	536	500	1036	100.0	100.0	100.0

表 70　喜欢我的村

	计数项			占同列百分比（%）		
	未曾外出务工	曾外出务工	总计	未曾外出务工	曾外出务工	总计
强烈不同意	2	5	7	0. 4	1. 0	0. 7
不同意	15	18	33	2. 8	3. 6	3. 2
不知道	20	15	35	3. 7	3. 0	3. 4
同意	414	359	773	77. 1	71. 8	74. 5
强烈同意	86	103	189	16. 0	20. 6	18. 2
总计	537	500	1037	100. 0	100. 0	100. 0

表 71　如果不得不搬走会很遗憾

	计数项			占同列百分比（%）		
	未曾外出务工	曾外出务工	总计	未曾外出务工	曾外出务工	总计
强烈不同意	41	43	84	7. 6	8. 6	8. 1
不同意	140	143	283	26. 1	28. 6	27. 3
不知道	99	66	165	18. 5	13. 2	15. 9
同意	217	206	423	40. 5	41. 2	40. 8
强烈同意	39	42	81	7. 3	8. 4	7. 8
总计	536	500	1036	100. 0	100. 0	100. 0

表 72　本村中很多居民我不喜欢

	计数项			占同列百分比（%）		
	未曾外出务工	曾外出务工	总计	未曾外出务工	曾外出务工	总计
强烈不同意	88	82	170	16. 4	16. 4	16. 4
不同意	308	272	580	57. 5	54. 4	56. 0
不知道	45	40	85	8. 4	8. 0	8. 2
同意	88	96	184	16. 4	19. 2	17. 8
强烈同意	7	10	17	1. 3	2. 0	1. 6
总计	536	500	1036	100. 0	100. 0	100. 0

表 73　在这个村很难交到好朋友

	计数项			占同列百分比（%）		
	未曾外出务工	曾外出务工	总计	未曾外出务工	曾外出务工	总计
强烈不同意	98	104	202	18.2	20.8	19.5
不同意	329	279	608	61.2	55.8	58.6
不知道	47	43	90	8.7	8.6	8.7
同意	55	67	122	10.2	13.4	11.8
强烈同意	9	7	16	1.7	1.4	1.5
总计	538	500	1038	100.0	100.0	100.0

表 74　如果有需要，村里大多数人愿提供帮助

	计数项			占同列百分比（%）		
	未曾外出务工	曾外出务工	总计	未曾外出务工	曾外出务工	总计
强烈不同意	13	13	26	2.4	2.6	2.5
不同意	38	26	64	7.1	5.2	6.2
不知道	71	73	144	13.2	14.6	13.9
同意	380	351	731	70.9	70.1	70.5
强烈同意	34	38	72	6.3	7.6	6.9
总计	536	501	1037	100.0	100.0	100.0

表 75　您对本村中所发生的事情感兴趣

	计数项			占同列百分比（%）		
	未曾外出务工	曾外出务工	总计	未曾外出务工	曾外出务工	总计
强烈不同意	23	13	36	4.3	2.6	3.5
不同意	79	61	140	14.7	12.2	13.5
不知道	70	76	146	13.1	15.2	14.1
同意	339	319	658	63.2	63.8	63.5
强烈同意	25	31	56	4.7	6.2	5.4
总计	536	500	1036	100.0	100.0	100.0

表 76　您在意在村中的形象

	计数项			占同列百分比（%）		
	未曾外出务工	曾外出务工	总计	未曾外出务工	曾外出务工	总计
强烈不同意	10	8	18	1.9	1.6	1.7
不同意	40	27	67	7.5	5.4	6.5
不知道	60	68	128	11.2	13.6	12.4
同意	377	360	737	70.5	72.0	71.2
强烈同意	48	37	85	9.0	7.4	8.2
总计	535	500	1035	100.0	100.0	100.0

表 77　您的本村责任感强烈

	计数项			占同列百分比（%）		
	未曾外出务工	曾外出务工	总计	未曾外出务工	曾外出务工	总计
强烈不同意	10	2	12	1.9	0.4	1.2
不同意	32	33	65	6.0	6.6	6.3
不知道	82	73	155	15.3	14.6	15.0
同意	356	345	701	66.5	69.0	67.7
强烈同意	55	47	102	10.3	9.4	9.9
总计	535	500	1035	100.0	100.0	100.0

表 78　您如果做了对本村有益的事会感觉很好

	计数项			占同列百分比（%）		
	未曾外出务工	曾外出务工	总计	未曾外出务工	曾外出务工	总计
强烈不同意	13	4	17	2.4	0.8	1.6
不同意	25	27	52	4.7	5.4	5.0
不知道	42	51	93	7.8	10.2	9.0
同意	378	352	730	70.5	70.3	70.4
强烈同意	78	67	145	14.6	13.4	14.0
总计	536	501	1037	100.0	100.0	100.0

表 79　相信对本村有益的也会对您有益

	计数项			占同列百分比（%）		
	未曾外出务工	曾外出务工	总计	未曾外出务工	曾外出务工	总计
强烈不同意	7	9	16	1.3	1.8	1.5
不同意	20	23	43	3.8	4.6	4.2
不知道	62	62	124	11.6	12.4	12.0
同意	389	342	731	73.0	68.4	70.8
强烈同意	55	64	119	10.3	12.8	11.5
总计	533	500	1033	100.0	100.0	100.0

表 80　如果您在本村丢了财物，本村其他居民看见会归还给您

	计数项			占同列百分比（%）		
	未曾外出务工	曾外出务工	总计	未曾外出务工	曾外出务工	总计
强烈不同意	22	14	36	4.1	2.8	3.5
不同意	46	68	114	8.6	13.6	11.0
不知道	181	158	339	34.0	31.7	32.8
同意	253	223	476	47.5	44.7	46.1
强烈同意	31	36	67	5.8	7.2	6.5
总计	533	499	1032	100.0	100.0	100.0

表 81　总的来说，本村居民之间关系是和睦的

	计数项			占同列百分比（%）		
	未曾外出务工	曾外出务工	总计	未曾外出务工	曾外出务工	总计
强烈不同意	3	4	7	0.6	0.8	0.7
不同意	29	31	60	5.4	6.2	5.8
不知道	67	50	117	12.6	10.0	11.3
同意	391	372	763	73.4	74.4	73.9
强烈同意	43	43	86	8.1	8.6	8.3
总计	533	500	1033	100.0	100.0	100.0

表 82　总体来说，本村中大多数人都是相似的

	计数项			占同列百分比（%）		
	未曾外出务工	曾外出务工	总计	未曾外出务工	曾外出务工	总计
强烈不同意	5	8	13	0.9	1.6	1.3
不同意	66	50	116	12.4	10.0	11.2
不知道	101	92	193	18.9	18.4	18.7
同意	337	327	664	63.2	65.3	64.2
强烈同意	24	24	48	4.5	4.8	4.6
总计	533	501	1034	100.0	100.0	100.0

表 83　本村中的人价值观比较相似

	计数项			占同列百分比（%）		
	未曾外出务工	曾外出务工	总计	未曾外出务工	曾外出务工	总计
强烈不同意	20	21	41	3.7	4.2	4.0
不同意	93	80	173	17.4	16.0	16.7
不知道	149	145	294	27.9	29.0	28.4
同意	258	233	491	48.3	46.6	47.5
强烈同意	14	21	35	2.6	4.2	3.4
总计	534	500	1034	100.0	100.0	100.0

表 84　本村居民有共享的价值观与需求

	计数项			占同列百分比（%）		
	未曾外出务工	曾外出务工	总计	未曾外出务工	曾外出务工	总计
强烈不同意	10	14	24	1.9	2.8	2.3
不同意	64	73	137	12.0	14.6	13.2
不知道	156	113	269	29.2	22.6	26.0
同意	283	270	553	53.0	54.0	53.5
强烈同意	21	30	51	3.9	6.0	4.9
总计	534	500	1034	100.0	100.0	100.0

表 85　您喜欢与不同生活方式的人做邻居

	计数项			占同列百分比（%）		
	未曾外出务工	曾外出务工	总计	未曾外出务工	曾外出务工	总计
强烈不同意	26	24	50	4.9	4.8	4.8
不同意	161	140	301	30.1	28.0	29.1
不知道	96	96	192	17.9	19.2	18.6
同意	234	225	459	43.7	45.0	44.3
强烈同意	18	15	33	3.4	3.0	3.2
总计	535	500	1035	100.0	100.0	100.0

表 86　在意邻居怎么看待自己的行为

	计数项			占同列百分比（%）		
	未曾外出务工	曾外出务工	总计	未曾外出务工	曾外出务工	总计
强烈不同意	9	14	23	1.7	2.8	2.2
不同意	66	70	136	12.3	14.0	13.1
不知道	113	107	220	21.1	21.4	21.3
同意	324	284	608	60.6	56.8	58.7
强烈同意	23	25	48	4.3	5.0	4.6
总计	535	500	1035	100.0	100.0	100.0

表 87　即使您的看法与别人不同，您也愿意发表意见

	计数项			占同列百分比（%）		
	未曾外出务工	曾外出务工	总计	未曾外出务工	曾外出务工	总计
强烈不同意	8	7	15	1.5	1.4	1.4
不同意	41	45	86	7.7	9.0	8.3
不知道	93	62	155	17.4	12.4	15.0
同意	356	349	705	66.5	69.8	68.1
强烈同意	37	37	74	6.9	7.4	7.1
总计	535	500	1035	100.0	100.0	100.0

表 88　我是本村内重要的一分子

	计数项			占同列百分比（%）		
	未曾外出务工	曾外出务工	总计	未曾外出务工	曾外出务工	总计
强烈不同意	39	28	67	7.3	5.6	6.5
不同意	136	111	247	25.3	22.2	23.8
不知道	118	136	254	22.0	27.2	24.5
同意	222	190	412	41.3	38.0	39.7
强烈同意	22	35	57	4.1	7.0	5.5
总计	537	500	1037	100.0	100.0	100.0

表 89　您不关心本村里其他人的看法

	计数项			占同列百分比（%）		
	未曾外出务工	曾外出务工	总计	未曾外出务工	曾外出务工	总计
强烈不同意	50	40	90	9.3	8.0	8.7
不同意	203	217	420	37.9	43.4	40.6
不知道	110	78	188	20.6	15.6	18.2
同意	160	152	312	29.9	30.4	30.1
强烈同意	12	13	25	2.2	2.6	2.4
总计	535	500	1035	100.0	100.0	100.0

表 90　总体而言，您能影响本村面貌的改善

	计数项			占同列百分比（%）		
	未曾外出务工	曾外出务工	总计	未曾外出务工	曾外出务工	总计
强烈不同意	24	32	56	4.5	6.4	5.4
不同意	181	180	361	33.8	36.0	34.9
不知道	147	121	268	27.5	24.2	25.9
同意	164	149	313	30.7	29.8	30.2
强烈同意	19	18	37	3.6	3.6	3.6
总计	535	500	1035	100.0	100.0	100.0

表 91　本村中的居民觉得他们对维持本村功能起着积极的作用

	计数项			占同列百分比（%）		
	未曾外出务工	曾外出务工	总计	未曾外出务工	曾外出务工	总计
强烈不同意	11	12	23	2.1	2.4	2.2
不同意	60	63	123	11.2	12.6	11.9
不知道	120	107	227	22.5	21.4	22.0
同意	318	298	616	59.6	59.6	59.6
强烈同意	25	20	45	4.7	4.0	4.4
总计	534	500	1034	100.0	100.0	100.0

表 92　本村适合小孩子玩耍

	计数项			占同列百分比（%）		
	未曾外出务工	曾外出务工	总计	未曾外出务工	曾外出务工	总计
强烈不同意	29	32	61	5.4	6.4	5.9
不同意	121	102	223	22.6	20.4	21.5
不知道	98	86	184	18.3	17.2	17.8
同意	263	248	511	49.1	49.6	49.3
强烈同意	25	32	57	4.7	6.4	5.5
总计	536	500	1036	100.0	100.0	100.0

表 93　本村适合青少年成长

	计数项			占同列百分比（%）		
	未曾外出务工	曾外出务工	总计	未曾外出务工	曾外出务工	总计
强烈不同意	20	19	39	3.7	3.8	3.8
不同意	87	85	172	16.2	17.0	16.6
不知道	74	56	130	13.8	11.2	12.5
同意	324	302	626	60.3	60.5	60.4
强烈同意	32	37	69	6.0	7.4	6.7
总计	537	499	1036	100.0	100.0	100.0

表 94　本村适合老年人生活

	计数项			占同列百分比（%）		
	未曾外出务工	曾外出务工	总计	未曾外出务工	曾外出务工	总计
强烈不同意	18	19	37	3.4	3.8	3.6
不同意	72	65	137	13.4	13.0	13.2
不知道	95	64	159	17.7	12.8	15.3
同意	320	313	633	59.6	62.7	61.1
强烈同意	32	38	70	6.0	7.6	6.8
总计	537	499	1036	100.0	100.0	100.0

表 95　总体来说，您觉得您的邻里安全吗

	计数项			相对数（%）		
	未曾外出务工	曾外出务工	总计	未曾外出务工	曾外出务工	总计
很不安全	3		3	0.6	0.0	0.3
不太安全	6	8	14	1.2	1.7	1.4
一般	76	77	153	15.0	16.3	15.6
比较安全	297	261	558	58.7	55.3	57.1
很安全	124	126	250	24.5	26.7	25.6
总计	506	472	978	100.0	100.0	100.0

表 96　在多大程度上信任以下哪些人群和机构——军队

	计数项			相对数（%）		
	未曾外出务工	曾外出务工	总计	未曾外出务工	曾外出务工	总计
根本不信任	2	3	5	0.4	0.6	0.5
不太信任	4	2	6	0.7	0.4	0.6
不知道	32	29	61	6.0	5.8	5.9
信任	291	254	545	54.2	50.7	52.5
很信任	208	213	421	38.7	42.5	40.6
总计	537	501	1038	100.0	100.0	100.0

表 97　在多大程度上信任以下哪些人群和机构——中央政府

	计数项			相对数（%）		
	未曾外出务工	曾外出务工	总计	未曾外出务工	曾外出务工	总计
根本不信任	5	5	10	0. 9	1. 0	1. 0
不太信任	14	5	19	2. 6	1. 0	1. 8
不知道	22	23	45	4. 1	4. 6	4. 3
信任	226	208	434	42. 1	41. 5	41. 8
很信任	270	260	530	50. 3	51. 9	51. 1
总计	537	501	1038	100. 0	100. 0	100. 0

表 98　在多大程度上信任以下哪些人群和机构——陌生人

	计数项			相对数（%）		
	未曾外出务工	曾外出务工	总计	未曾外出务工	曾外出务工	总计
根本不信任	190	179	369	35. 4	35. 7	35. 5
不太信任	223	181	404	41. 5	36. 1	38. 9
不知道	44	40	84	8. 2	8. 0	8. 1
信任	68	82	150	12. 7	16. 3	14. 4
很信任	12	20	32	2. 2	4. 0	3. 1
总计	537	502	1039	100. 0	100. 0	100. 0

表 99　在多大程度上信任以下哪些人群和机构——新闻媒体

	计数项			相对数（%）		
	未曾外出务工	曾外出务工	总计	未曾外出务工	曾外出务工	总计
根本不信任	5	13	18	0. 9	2. 6	1. 7
不太信任	138	129	267	25. 7	25. 7	25. 7
不知道	66	62	128	12. 3	12. 4	12. 3
信任	283	261	544	52. 7	52. 0	52. 4
很信任	45	37	82	8. 4	7. 4	7. 9
总计	537	502	1039	100. 0	100. 0	100. 0

表 100　在多大程度上信任以下哪些人群和机构——警察

	计数项			相对数（%）		
	未曾外出务工	曾外出务工	总计	未曾外出务工	曾外出务工	总计
根本不信任	9	7	16	1.7	1.4	1.5
不太信任	70	62	132	13.1	12.3	12.7
不知道	32	30	62	6.0	6.0	6.0
信任	324	294	618	60.8	58.4	59.7
很信任	98	110	208	18.4	21.9	20.1
总计	533	503	1036	100.0	100.0	100.0

表 101　在多大程度上信任以下哪些人群和机构——人民代表大会

	计数项			相对数（%）		
	未曾外出务工	曾外出务工	总计	未曾外出务工	曾外出务工	总计
根本不信任		1	1	0.0	0.2	0.1
不太信任	20	15	35	3.7	3.0	3.4
不知道	28	33	61	5.2	6.6	5.9
信任	294	259	553	54.9	51.8	53.4
很信任	194	192	386	36.2	38.4	37.3
总计	536	500	1036	100.0	100.0	100.0

表 102　在多大程度上信任以下哪些人群和机构——熟人

	计数项			相对数（%）		
	未曾外出务工	曾外出务工	总计	未曾外出务工	曾外出务工	总计
根本不信任	5	7	12	0.9	1.4	1.2
不太信任	108	94	202	20.1	18.7	19.4
不知道	29	36	65	5.4	7.2	6.3
信任	355	316	671	66.1	62.9	64.6
很信任	40	49	89	7.4	9.8	8.6
总计	537	502	1039	100.0	100.0	100.0

表 103 在多大程度上信任以下哪些人群和机构——学校

	计数项			相对数（%）		
	未曾外出务工	曾外出务工	总计	未曾外出务工	曾外出务工	总计
根本不信任	12	3	15	2. 2	0. 6	1. 4
不太信任	75	68	143	14. 0	13. 5	13. 8
不知道	38	42	80	7. 1	8. 4	7. 7
信任	359	341	700	66. 9	67. 9	67. 4
很信任	53	48	101	9. 9	9. 6	9. 7
总计	537	502	1039	100. 0	100. 0	100. 0

表 104 在多大程度上信任以下哪些人群和机构——法院

	计数项			相对数（%）		
	未曾外出务工	曾外出务工	总计	未曾外出务工	曾外出务工	总计
根本不信任	8	5	13	1. 5	1. 0	1. 3
不太信任	71	73	144	13. 2	14. 5	13. 8
不知道	40	34	74	7. 4	6. 8	7. 1
信任	338	311	649	62. 9	61. 8	62. 4
很信任	80	80	160	14. 9	15. 9	15. 4
总计	537	503	1040	100. 0	100. 0	100. 0

表 105 在多大程度上信任以下哪些人群和机构——乡镇政府

	计数项			相对数（%）		
	未曾外出务工	曾外出务工	总计	未曾外出务工	曾外出务工	总计
根本不信任	5	2	7	0. 9	0. 4	0. 7
不太信任	65	71	136	12. 1	14. 1	13. 1
不知道	31	32	63	5. 8	6. 4	6. 1
信任	354	312	666	66. 2	62. 2	64. 2
很信任	80	85	165	15. 0	16. 9	15. 9
总计	535	502	1037	100. 0	100. 0	100. 0

表 106 在多大程度上信任以下哪些人群和机构——同村居民

	计数项			相对数（%）		
	未曾外出务工	曾外出务工	总计	未曾外出务工	曾外出务工	总计
根本不信任	19	30	49	3.5	6.0	4.7
不太信任	74	82	156	13.8	16.3	15.0
不知道	31	38	69	5.8	7.6	6.6
信任	383	319	702	71.3	63.5	67.6
很信任	30	33	63	5.6	6.6	6.1
总计	537	502	1039	100.0	100.0	100.0

表 107 在多大程度上信任以下哪些人群和机构——有经济往来的人

	计数项			相对数（%）		
	未曾外出务工	曾外出务工	总计	未曾外出务工	曾外出务工	总计
根本不信任	7	3	10	1.3	0.6	1.0
不太信任	125	83	208	23.3	16.5	20.0
不知道	72	88	160	13.4	17.5	15.4
信任	305	293	598	56.8	58.4	57.6
很信任	28	35	63	5.2	7.0	6.1
总计	537	502	1039	100.0	100.0	100.0

表 108 在多大程度上信任以下哪些人群和机构——医院

	计数项			相对数（%）		
	未曾外出务工	曾外出务工	总计	未曾外出务工	曾外出务工	总计
根本不信任	14	12	26	2.6	2.4	2.5
不太信任	154	133	287	29.0	26.5	27.8
不知道	56	62	118	10.5	12.4	11.4
信任	268	255	523	50.5	50.8	50.6
很信任	39	40	79	7.3	8.0	7.6
总计	531	502	1033	100.0	100.0	100.0

表 109　在多大程度上信任以下哪些人群和机构——村委会

	计数项			相对数（%）		
	未曾外出务工	曾外出务工	总计	未曾外出务工	曾外出务工	总计
根本不信任	3	2	5	0.6	0.4	0.5
不太信任	39	36	75	7.3	7.2	7.3
不知道	15	18	33	2.8	3.6	3.2
信任	390	350	740	73.4	69.6	71.6
很信任	84	97	181	15.8	19.3	17.5
总计	531	503	1034	100.0	100.0	100.0

表 110　在多大程度上信任以下哪些人群和机构——家庭成员

	计数项			相对数（%）		
	未曾外出务工	曾外出务工	总计	未曾外出务工	曾外出务工	总计
根本不信任		3	3	0.0	0.6	0.3
不太信任	25	25	50	4.7	5.0	4.9
不知道	7	22	29	1.3	4.4	2.8
信任	314	269	583	59.6	53.7	56.7
很信任	181	182	363	34.3	36.3	35.3
总计	527	501	1028	100.0	100.0	100.0

表 111　在多大程度上信任以下哪些人群和机构——打工的企业

	计数项			相对数（%）		
	未曾外出务工	曾外出务工	总计	未曾外出务工	曾外出务工	总计
根本不信任	1	9	10	1.2	1.9	1.8
不太信任	29	122	151	34.9	25.3	26.7
不知道	12	58	70	14.5	12.0	12.4
信任	39	273	312	47.0	56.5	55.1
很信任	2	21	23	2.4	4.3	4.1
总计	83	483	566	100.0	100.0	100.0

表 112　在多大程度上信任以下哪些人群和机构——打工地碰到的同乡

	计数项			相对数（%）		
	未曾外出务工	曾外出务工	总计	未曾外出务工	曾外出务工	总计
根本不信任	1	9	10	1.3	1.9	1.8
不太信任	17	93	110	21.5	19.2	19.5
不知道	11	63	74	13.9	13.0	13.1
信任	50	295	345	63.3	61.0	61.3
很信任		24	24	0.0	5.0	4.3
总计	79	484	563	100.0	100.0	100.0

表 113　在多大程度上信任以下哪些人群和机构——打工企业的同事

	计数项			相对数（%）		
	未曾外出务工	曾外出务工	总计	未曾外出务工	曾外出务工	总计
根本不信任		3	3	0.0	0.6	0.5
不太信任	20	115	135	27.4	23.8	24.2
不知道	15	68	83	20.5	14.0	14.9
信任	34	277	311	46.6	57.2	55.8
很信任	4	21	25	5.5	4.3	4.5
总计	73	484	557	100.0	100.0	100.0

表 114　在多大程度上信任以下哪些人群和机构——打工地政府机构

	计数项			相对数（%）		
	未曾外出务工	曾外出务工	总计	未曾外出务工	曾外出务工	总计
根本不信任	1	8	9	1.7	1.9	1.9
不太信任	14	64	78	23.3	15.5	16.5
不知道	14	68	82	23.3	16.4	17.3
信任	26	241	267	43.3	58.2	56.3
很信任	5	33	38	8.3	8.0	8.0
总计	60	414	474	100.0	100.0	100.0

表 115　机构服务效率评价——中央政府

	计数项			相对数（%）		
	未曾外出务工	曾外出务工	总计	未曾外出务工	曾外出务工	总计
非常低	3	1	4	0.6	0.2	0.4
比较低	12	12	24	2.3	2.4	2.3
不知道	75	74	149	14.1	14.7	14.4
比较高	132	129	261	24.8	25.7	25.2
很高	310	286	596	58.3	57.0	57.6
总计	532	502	1034	100.0	100.0	100.0

表 116　机构服务效率评价——省市政府

	计数项			相对数（%）		
	未曾外出务工	曾外出务工	总计	未曾外出务工	曾外出务工	总计
非常低	1	4	5	0.2	0.8	0.5
比较低	17	22	39	3.2	4.4	3.8
不知道	74	80	154	13.9	15.9	14.9
比较高	230	181	411	43.2	36.1	39.7
很高	211	215	426	39.6	42.8	41.2
总计	533	502	1035	100.0	100.0	100.0

表 117　机构服务效率评价——区县政府

	计数项			相对数（%）		
	未曾外出务工	曾外出务工	总计	未曾外出务工	曾外出务工	总计
非常低	4	9	13	0.7	1.8	1.3
比较低	50	43	93	9.4	8.6	9.0
不知道	73	69	142	13.7	13.7	13.7
比较高	280	263	543	52.4	52.4	52.4
很高	127	118	245	23.8	23.5	23.6
总计	534	502	1036	100.0	100.0	100.0

表 118　机构服务效率评价——乡镇政府

	计数项			相对数（%）		
	未曾外出务工	曾外出务工	总计	未曾外出务工	曾外出务工	总计
非常低	15	12	27	2.8	2.4	2.6
比较低	65	72	137	12.2	14.4	13.2
不知道	52	40	92	9.8	8.0	8.9
比较高	304	287	591	57.0	57.3	57.2
很高	97	90	187	18.2	18.0	18.1
总计	533	501	1034	100.0	100.0	100.0

表 119　机构服务效率评价——村委会

	计数项			相对数（%）		
	未曾外出务工	曾外出务工	总计	未曾外出务工	曾外出务工	总计
非常低	2	12	14	0.4	2.4	1.4
比较低	54	56	110	10.1	11.2	10.6
不知道	29	24	53	5.4	4.8	5.1
比较高	364	330	694	68.2	65.7	67.0
很高	85	80	165	15.9	15.9	15.9
总计	534	502	1036	100.0	100.0	100.0

表 120　机构服务效率评价——公立医院

	计数项			相对数（%）		
	未曾外出务工	曾外出务工	总计	未曾外出务工	曾外出务工	总计
非常低	13	22	35	2.4	4.4	3.4
比较低	100	105	205	18.8	20.9	19.8
不知道	105	94	199	19.7	18.7	19.2
比较高	286	246	532	53.7	49.0	51.4
很高	29	35	64	5.4	7.0	6.2
总计	533	502	1035	100.0	100.0	100.0

表 121　机构服务效率评价——公立学校

	计数项			相对数（%）		
	未曾外出务工	曾外出务工	总计	未曾外出务工	曾外出务工	总计
非常低	7	15	22	1.3	3.0	2.1
比较低	59	56	115	11.1	11.2	11.1
不知道	114	102	216	21.4	20.3	20.9
比较高	301	282	583	56.6	56.2	56.4
很高	51	47	98	9.6	9.4	9.5
总计	532	502	1034	100.0	100.0	100.0

表 122　机构服务效率评价——警察

	计数项			相对数（%）		
	未曾外出务工	曾外出务工	总计	未曾外出务工	曾外出务工	总计
非常低	8	15	23	1.5	3.0	2.2
比较低	68	76	144	12.8	15.1	13.9
不知道	63	61	124	11.8	12.2	12.0
比较高	323	281	604	60.7	56.0	58.4
很高	70	69	139	13.2	13.7	13.4
总计	532	502	1034	100.0	100.0	100.0

表 123　机构服务效率评价——法院

	计数项			相对数（%）		
	未曾外出务工	曾外出务工	总计	未曾外出务工	曾外出务工	总计
非常低	6	17	23	1.1	3.4	2.2
比较低	53	62	115	10.0	12.4	11.1
不知道	87	86	173	16.4	17.1	16.7
比较高	311	250	561	58.6	49.8	54.3
很高	74	87	161	13.9	17.3	15.6
总计	531	502	1033	100.0	100.0	100.0

表 124　你对政治感兴趣吗？

	计数项			相对数（%）		
	未曾外出务工	曾外出务工	总计	未曾外出务工	曾外出务工	总计
一点也不感兴趣	49	36	85	9.2	7.3	8.3
不太感兴趣	158	167	325	29.7	33.9	31.7
有点兴趣	216	206	422	40.6	41.9	41.2
很感兴趣	109	83	192	20.5	16.9	18.8
总计	532	492	1024	100.0	100.0	100.0

表 125　您觉得您对影响您日常生活的政府决策有多大影响

	计数项			相对数（%）		
	未曾外出务工	曾外出务工	总计	未曾外出务工	曾外出务工	总计
几乎没有影响	220	185	405	41.8	37.8	39.9
有一点影响	207	192	399	39.4	39.2	39.3
影响比较大	66	80	146	12.5	16.3	14.4
影响很大	33	33	66	6.3	6.7	6.5
总计	526	490	1016	100.0	100.0	100.0

表 126　是否赞同以下说法——我有资格参与政治

	计数项			相对数（%）		
	未曾外出务工	曾外出务工	总计	未曾外出务工	曾外出务工	总计
强烈不同意	17	23	40	3.2	4.6	3.9
不同意	73	71	144	13.6	14.2	13.9
不知道	93	75	168	17.3	15.0	16.2
同意	306	278	584	57.0	55.6	56.3
强烈同意	48	53	101	8.9	10.6	9.7
总计	537	500	1037	100.0	100.0	100.0

表 127　是否赞同以下说法——我能很好地理解中国的重要政治事件

	计数项			相对数（%）		
	未曾外出务工	曾外出务工	总计	未曾外出务工	曾外出务工	总计
强烈不同意	9	10	19	1.7	2.0	1.8
不同意	109	107	216	20.3	21.4	20.8
不知道	127	130	257	23.6	26.0	24.8
同意	262	225	487	48.8	45.0	47.0
强烈同意	30	28	58	5.6	5.6	5.6
总计	537	500	1037	100.0	100.0	100.0

表 128　是否赞同以下说法——如果让我成为政府官员，我同样能胜任

	计数项			相对数（%）		
	未曾外出务工	曾外出务工	总计	未曾外出务工	曾外出务工	总计
强烈不同意	36	23	59	6.7	4.6	5.7
不同意	143	155	298	26.7	31.0	28.8
不知道	174	140	314	32.5	28.0	30.3
同意	172	164	336	32.1	32.8	32.4
强烈同意	11	18	29	2.1	3.6	2.8
总计	536	500	1036	100.0	100.0	100.0

表 129　是否赞同以下说法——我觉得我所了解的有关政治、政府的信息比一般人多

	计数项			相对数（%）		
	未曾外出务工	曾外出务工	总计	未曾外出务工	曾外出务工	总计
强烈不同意	36	28	64	6.7	5.6	6.2
不同意	170	165	335	31.7	32.9	32.3
不知道	135	131	266	25.1	26.1	25.6
同意	187	165	352	34.8	32.9	33.9
强烈同意	9	12	21	1.7	2.4	2.0
总计	537	501	1038	100.0	100.0	100.0

表 130　是否赞同以下说法——对我这种人来说，政治太复杂了

	计数项			相对数（%）		
	未曾外出务工	曾外出务工	总计	未曾外出务工	曾外出务工	总计
强烈不同意	48	48	96	9.0	9.6	9.3
不同意	187	178	365	34.9	35.6	35.2
不知道	115	117	232	21.5	23.4	22.4
同意	176	150	326	32.8	30.0	31.5
强烈同意	10	7	17	1.9	1.4	1.6
总计	536	500	1036	100.0	100.0	100.0

表 131　是否赞同以下说法——政府并不关心像我这样的人

	计数项			相对数（%）		
	未曾外出务工	曾外出务工	总计	未曾外出务工	曾外出务工	总计
强烈不同意	48	47	95	9.0	9.4	9.2
不同意	283	256	539	52.8	51.3	52.1
不知道	74	84	158	13.8	16.8	15.3
同意	123	103	226	22.9	20.6	21.8
强烈同意	8	9	17	1.5	1.8	1.6
总计	536	499	1035	100.0	100.0	100.0

表 132　是否赞同以下说法——像我这样的人对政府工作没有发言权

	计数项			相对数（%）		
	未曾外出务工	曾外出务工	总计	未曾外出务工	曾外出务工	总计
强烈不同意	42	43	85	7.8	8.6	8.2
不同意	246	240	486	45.8	48.0	46.9
不知道	119	107	226	22.2	21.4	21.8
同意	121	106	227	22.5	21.2	21.9
强烈同意	9	4	13	1.7	0.8	1.3
总计	537	500	1037	100.0	100.0	100.0

表 133　是否赞同以下说法——政府制定决策时不会考虑农民工的想法

	计数项			相对数（%）		
	未曾外出务工	曾外出务工	总计	未曾外出务工	曾外出务工	总计
强烈不同意	68	60	128	12.7	12.0	12.4
不同意	265	261	526	49.6	52.4	51.0
不知道	92	85	177	17.2	17.1	17.2
同意	101	86	187	18.9	17.3	18.1
强烈同意	8	6	14	1.5	1.2	1.4
总计	534	498	1032	100.0	100.0	100.0

表 134　您做如下事情的频率是多少——阅读报纸、杂志上的政治新闻

	计数项			相对数（%）		
	未曾外出务工	曾外出务工	总计	未曾外出务工	曾外出务工	总计
从不	76	62	138	14.2	12.4	13.3
曾经有过	100	111	211	18.7	22.2	20.4
不知道	11	16	27	2.1	3.2	2.6
偶尔	203	193	396	37.9	38.6	38.3
经常	145	118	263	27.1	23.6	25.4
总计	535	500	1035	100.0	100.0	100.0

表 135　您做如下事情的频率是多少——观看电视上的政治新闻和政治节目

	计数项			相对数（%）		
	未曾外出务工	曾外出务工	总计	未曾外出务工	曾外出务工	总计
从不	24	15	39	4.5	3.0	3.8
曾经有过	57	59	116	10.7	11.8	11.2
不知道	6	8	14	1.1	1.6	1.4
偶尔	125	134	259	23.4	26.8	25.0
经常	323	284	607	60.4	56.8	58.6
总计	535	500	1035	100.0	100.0	100.0

表 136　您做如下事情的频率是多少——与他人讨论政治问题

	计数项			相对数（%）		
	未曾外出务工	曾外出务工	总计	未曾外出务工	曾外出务工	总计
从不	86	79	165	16.1	15.8	15.9
曾经有过	123	136	259	23.0	27.2	25.0
不知道	27	12	39	5.0	2.4	3.8
偶尔	214	216	430	40.0	43.2	41.5
经常	85	57	142	15.9	11.4	13.7
总计	535	500	1035	100.0	100.0	100.0

表 137　您做如下事情的频率是多少——说服朋友接受某种政治观点

	计数项			相对数（%）		
	未曾外出务工	曾外出务工	总计	未曾外出务工	曾外出务工	总计
从不	135	136	271	25.2	27.3	26.2
曾经有过	131	120	251	24.4	24.0	24.3
不知道	36	28	64	6.7	5.6	6.2
偶尔	180	172	352	33.6	34.5	34.0
经常	54	43	97	10.1	8.6	9.4
总计	536	499	1035	100.0	100.0	100.0

表 138　您做如下事情的频率是多少——经常与政府联系

	计数项			相对数（%）		
	未曾外出务工	曾外出务工	总计	未曾外出务工	曾外出务工	总计
从不	185	194	379	34.6	38.8	36.6
曾经有过	136	136	272	25.4	27.2	26.3
不知道	21	23	44	3.9	4.6	4.3
偶尔	129	106	235	24.1	21.2	22.7
经常	64	41	105	12.0	8.2	10.1
总计	535	500	1035	100.0	100.0	100.0

表 139　您做如下事情的频率是多少——在网络上阅读政治类的文章

	计数项			相对数（%）		
	未曾外出务工	曾外出务工	总计	未曾外出务工	曾外出务工	总计
从不	360	318	678	67. 3	64. 1	65. 8
曾经有过	64	69	133	12. 0	13. 9	12. 9
不知道	28	28	56	5. 2	5. 6	5. 4
偶尔	51	55	106	9. 5	11. 1	10. 3
经常	32	26	58	6. 0	5. 2	5. 6
总计	535	496	1031	100. 0	100. 0	100. 0

表 140　您做如下事情的频率是多少——在网络上发表有关政治问题的帖子或文章

	计数项			相对数（%）		
	未曾外出务工	曾外出务工	总计	未曾外出务工	曾外出务工	总计
从不	435	397	832	81. 2	80. 0	80. 6
曾经有过	35	41	76	6. 5	8. 3	7. 4
不知道	25	23	48	4. 7	4. 6	4. 7
偶尔	32	25	57	6. 0	5. 0	5. 5
经常	9	10	19	1. 7	2. 0	1. 8
总计	536	496	1032	100. 0	100. 0	100. 0

表 141　是否同意同下说法——大多数情况下，我的生活接近于我的理想状态

	计数项			相对数（%）		
	未曾外出务工	曾外出务工	总计	未曾外出务工	曾外出务工	总计
强烈不同意	26	37	63	4. 9	7. 4	6. 1
不同意	203	210	413	37. 9	42. 1	39. 9
不知道	40	32	72	7. 5	6. 4	7. 0
同意	250	209	459	46. 7	41. 9	44. 4
强烈同意	16	11	27	3. 0	2. 2	2. 6
总计	535	499	1034	100. 0	100. 0	100. 0

表 142　是否同意如下说法——我的生活条件很好

	计数项			相对数（%）		
	未曾外出务工	曾外出务工	总计	未曾外出务工	曾外出务工	总计
强烈不同意	21	22	43	3.9	4.4	4.1
不同意	251	233	484	46.7	46.6	46.6
不知道	47	34	81	8.7	6.8	7.8
同意	201	203	404	37.4	40.6	38.9
强烈同意	18	8	26	3.3	1.6	2.5
总计	538	500	1038	100.0	100.0	100.0

表 143　是否同意如下说法——对我的生活感到满意

	计数项			相对数（%）		
	未曾外出务工	曾外出务工	总计	未曾外出务工	曾外出务工	总计
强烈不同意	14	20	34	2.6	4.0	3.3
不同意	167	165	332	31.2	33.0	32.0
不知道	40	23	63	7.5	4.6	6.1
同意	295	276	571	55.0	55.2	55.1
强烈同意	20	16	36	3.7	3.2	3.5
总计	536	500	1036	100.0	100.0	100.0

表 144　是否同意如下说法——目前，我已经得到人生里想要的重要事物

	计数项			相对数（%）		
	未曾外出务工	曾外出务工	总计	未曾外出务工	曾外出务工	总计
强烈不同意	37	43	80	6.9	8.6	7.7
不同意	285	240	525	53.1	48.0	50.6
不知道	83	79	162	15.5	15.8	15.6
同意	124	128	252	23.1	25.6	24.3
强烈同意	8	10	18	1.5	2.0	1.7
总计	537	500	1037	100.0	100.0	100.0

表 145　是否同意如下说法——假如我可以从头再活一次，我没有什么要做出改变

	计数项			相对数（%）		
	未曾外出务工	曾外出务工	总计	未曾外出务工	曾外出务工	总计
强烈不同意	83	84	167	15.5	16.8	16.1
不同意	288	258	546	53.7	51.6	52.7
不知道	69	57	126	12.9	11.4	12.2
同意	87	89	176	16.2	17.8	17.0
强烈同意	9	12	21	1.7	2.4	2.0
总计	536	500	1036	100.0	100.0	100.0

表 146　最近三个月是否有如下感受——因焦虑而失眠

	计数项			相对数（%）		
	未曾外出务工	曾外出务工	总计	未曾外出务工	曾外出务工	总计
从来没有	211	180	391	39.3	36.0	37.7
最近没有	174	163	337	32.4	32.6	32.5
不知道	14	12	26	2.6	2.4	2.5
最近有过	104	107	211	19.4	21.4	20.3
经常	34	38	72	6.3	7.6	6.9
总计	537	500	1037	100.0	100.0	100.0

表 147　最近三个月是否有如下感受——一直感到精神紧张

	计数项			相对数（%）		
	未曾外出务工	曾外出务工	总计	未曾外出务工	曾外出务工	总计
从来没有	213	186	399	39.7	37.2	38.5
最近没有	203	189	392	37.9	37.8	37.8
不知道	20	29	49	3.7	5.8	4.7
最近有过	68	62	130	12.7	12.4	12.5
经常	32	34	66	6.0	6.8	6.4
总计	536	500	1036	100.0	100.0	100.0

表 148　最近三个月是否有如下感受——觉得不开心或者很沮丧

	计数项			相对数（%）		
	未曾外出务工	曾外出务工	总计	未曾外出务工	曾外出务工	总计
从来没有	189	164	353	35.3	32.8	34.1
最近没有	200	170	370	37.3	34.0	35.7
不知道	24	34	58	4.5	6.8	5.6
最近有过	97	106	203	18.1	21.2	19.6
经常	26	26	52	4.9	5.2	5.0
总计	536	500	1036	100.0	100.0	100.0

表 149　最近三个月是否有如下感受——觉得生活中有很多不可克服的困难

	计数项			相对数（%）		
	未曾外出务工	曾外出务工	总计	未曾外出务工	曾外出务工	总计
从来没有	186	160	346	34.6	32.0	33.4
最近没有	140	143	283	26.1	28.6	27.3
不知道	32	42	74	6.0	8.4	7.1
最近有过	134	105	239	25.0	21.0	23.0
经常	45	50	95	8.4	10.0	9.2
总计	537	500	1037	100.0	100.0	100.0

表 150　最近三个月是否有如下感受——对自己失去信心

	计数项			相对数（%）		
	未曾外出务工	曾外出务工	总计	未曾外出务工	曾外出务工	总计
从来没有	324	279	603	60.4	55.9	58.3
最近没有	116	116	232	21.6	23.2	22.4
不知道	43	43	86	8.0	8.6	8.3
最近有过	45	51	96	8.4	10.2	9.3
经常	8	10	18	1.5	2.0	1.7
总计	536	499	1035	100.0	100.0	100.0

表 151　最近三个月是否有如下感受——觉得自己是一个无用的人

	计数项			相对数（%）		
	未曾外出务工	曾外出务工	总计	未曾外出务工	曾外出务工	总计
从来没有	340	306	646	63.4	61.2	62.4
最近没有	97	76	173	18.1	15.2	16.7
不知道	36	50	86	6.7	10.0	8.3
最近有过	41	40	81	7.6	8.0	7.8
经常	22	28	50	4.1	5.6	4.8
总计	536	500	1036	100.0	100.0	100.0

表 152　最近三个月是否有如下感受——能够集中精力于自己所作的事情

	计数项			相对数（%）		
	未曾外出务工	曾外出务工	总计	未曾外出务工	曾外出务工	总计
从来没有	60	38	98	11.2	7.6	9.5
最近没有	46	46	92	8.6	9.2	8.9
不知道	66	60	126	12.3	12.0	12.2
最近有过	119	142	261	22.2	28.4	25.2
经常	245	214	459	45.7	42.8	44.3
总计	536	500	1036	100.0	100.0	100.0

表 153　最近三个月是否有如下感受——自己在某些事件中发挥了重要作用

	计数项			相对数（%）		
	未曾外出务工	曾外出务工	总计	未曾外出务工	曾外出务工	总计
从来没有	62	48	110	11.5	9.6	10.6
最近没有	71	65	136	13.2	13.0	13.1
不知道	138	101	239	25.7	20.2	23.0
最近有过	139	167	306	25.9	33.4	29.5
经常	127	119	246	23.6	23.8	23.7
总计	537	500	1037	100.0	100.0	100.0

表 154　最近三个月是否有如下感受——有能力做出决策

	计数项			相对数（%）		
	未曾外出务工	曾外出务工	总计	未曾外出务工	曾外出务工	总计
从来没有	71	64	135	13.2	12.8	13.0
最近没有	79	60	139	14.7	12.0	13.4
不知道	86	78	164	16.0	15.6	15.8
最近有过	125	136	261	23.3	27.2	25.2
经常	175	162	337	32.6	32.4	32.5
总计	536	500	1036	100.0	100.0	100.0

表 155　最近三个月是否有如下感受——可以不回避面临的困难

	计数项			相对数（%）		
	未曾外出务工	曾外出务工	总计	未曾外出务工	曾外出务工	总计
从来没有	111	104	215	20.7	20.8	20.8
最近没有	84	74	158	15.7	14.8	15.3
不知道	46	51	97	8.6	10.2	9.4
最近有过	135	120	255	25.2	24.0	24.6
经常	160	151	311	29.9	30.2	30.0
总计	536	500	1036	100.0	100.0	100.0

表 156　最近三个月是否有如下感受——喜欢日常的活动

	计数项			相对数（%）		
	未曾外出务工	曾外出务工	总计	未曾外出务工	曾外出务工	总计
从来没有	65	49	114	12.1	9.8	11.0
最近没有	55	53	108	10.2	10.6	10.4
不知道	33	33	66	6.1	6.6	6.4
最近有过	158	141	299	29.4	28.3	28.9
经常	226	223	449	42.1	44.7	43.3
总计	537	499	1036	100.0	100.0	100.0

表157　最近三个月是否有如下感受——总的来说，自己感到适度的愉快

	计数项			相对数（%）		
	未曾外出务工	曾外出务工	总计	未曾外出务工	曾外出务工	总计
从来没有	48	22	70	9.0	4.4	6.8
最近没有	46	37	83	8.6	7.4	8.0
不知道	45	38	83	8.4	7.6	8.0
最近有过	158	157	315	29.5	31.4	30.4
经常	239	246	485	44.6	49.2	46.8
总计	536	500	1036	100.0	100.0	100.0

表158　如果不考虑收入，更愿意居住在城里还是农村

	计数项			相对数（%）		
	未曾外出务工	曾外出务工	总计	未曾外出务工	曾外出务工	总计
城里	18	282	300	25.0	56.2	52.3
农村	54	220	274	75.0	43.8	47.7
总计	72	502	574	100.0	100.0	100.0

表159　不考虑收入原因，更愿意在城里生活的原因是

	计数项			相对数（%）		
	未曾外出务工	曾外出务工	总计	未曾外出务工	曾外出务工	总计
城里生活方便，水、电、气、公交等公用设施配套齐全	15	250	265	24.2	24.7	24.7
城里娱乐活动丰富	9	171	180	14.5	16.9	16.8
子女在城里能接受到更好的教育	15	242	257	24.2	23.9	23.9
城里环境整洁	9	163	172	14.5	16.1	16.0
城里能看到更多的新事物、获取更多的信息	10	177	187	16.1	17.5	17.4
其他	4	9	13	6.5	0.9	1.2
总计	62	1012	1074	100.0	100.0	100.0

注：此题为多选，故频数统计超过1044。

表 160　在外务工期间是否曾经有过被城里人看不起的感觉

	频数统计	占比（%）
有过被城里人看不起	292	58.4
没有过被城里人看不起	57	11.4
没感觉	151	30.2
总计	500	100.0

表 161　您是否愿意放弃农村土地、住房等财产，进城定居

	计数项			相对数（%）		
	未曾外出务工	曾外出务工	总计	未曾外出务工	曾外出务工	总计
愿意无条件放弃	4	47	51	7.1	9.4	9.2
需要以农村现行价格转让，才愿意放弃	5	128	133	8.9	25.6	23.9
需要高于农村现行价格转让才愿意放弃	7	107	114	12.5	21.4	20.5
不愿意	40	218	258	71.4	43.6	46.4
总计	56	500	556	100.0	100.0	100.0

表 162　决定进城定居最大的生活成本和生活压力是

	计数项			相对数（%）		
	未曾外出务工、	曾外出务工	总计	未曾外出务工	曾外出务工	总计
购买住房	20	229	249	42.6	45.6	45.4
子女受教育	4	32	36	8.5	6.4	6.6
工作不稳定	21	233	254	44.7	46.4	46.3
医疗	2	8	10	4.3	1.6	1.8
总计	47	502	549	100.0	100.0	100.0

表 163　外出务工的经历是否使您对子女受教育的看法发生改变

	频数统计	占比（%）
外出务工经历使我觉得读书有用，更愿意让子女接受高中及以上非义务教育阶段教育	399	79.6
外出务工经历使我觉得读书没有什么用处，希望子女尽早进入社会外出打工	6	1.2
外出务工经历使我觉得学技术很有用，更愿意让子女接受职业教育	73	14.6
外出务工经历没有改变我对子女受教育的看法	17	3.4
外出务工经历使我对子女受教育有了其他新的看法	6	1.2
总计	501	100.0

表 164　外出务工经历是否使您与没有外出过的农民相比，在当地就业更具优势

	频数统计	占比（%）
我比没有外出务工过的农民在就业竞争中更具优势	384	76.3
我和没有外出务工过的农民在就业竞争中差不多	91	18.1
没有外出务工过的农民比我在就业竞争中更具优势	28	5.6
总计	503	100.0

表 165　外出务工经历是否使您与没有外出过的农民相比，在当地就业收入更高

	频数统计	占比（%）
我比没有外出务工过的农民收入更高	336	67.3
我与没有外出务工过的农民收入差不多	148	29.7
没有外出务工过的农民比我收入更高	15	3.0
总计	499	100.0

表 166　您觉得您外出务工的地方，社会承认您的价值吗

	频数统计	占比（%）
完全不承认	32	6.4
不太承认	77	15.3
有点承认	236	46.9
完全承认	158	31.4
总计	503	100.0

表 167　您觉得您从外出务工地返回家乡，本村镇承认您的价值吗

	频数统计	占比（%）
完全不承认	15	3.0
不太承认	29	5.8
有点承认	212	42.2
完全承认	246	49.0
总计	502	100.0

参考文献

[1] 白积洋. 迁移者的空间选择机制分析——基于人力资本和社会资本视角 [J]. 西南科技大学学报（哲学社会科学版），2009（6）：56－64.

[2] 蔡昉. 二元劳动力市场条件下的就业体制转换 [J]. 中国社会科学，1998（2）：3－13.

[3] 蔡昉，都阳，王美艳. 户籍制度与劳动力市场保护 [J]. 经济研究，2001（12）：41－49，91.

[4] 蔡昉，王美艳. 中国城镇劳动参与率的变化及其政策含义 [J]. 中国社会科学，2004（4）：68－79.

[5] 曹绪红. 发展权视角下的农民工社会保障 [J]. 农业经济，2009（12）：68－70.

[6] 程贯平，马斌. 改革开放以来我国劳动力市场制度性分割的变迁及其成因 [J]. 理论导刊，2003（7）：3－5.

[7] 戴园晨，黎汉明. 双重体制下的劳动力流动与工资分配 [J]. 中国社会科学，1991（5）：93－108.

[8] 段成荣. 省际人口迁移迁入地选择的影响因素分析 [J]. 人口研究，2001 (1)：56 - 61.

[9] 高更和，李小建，乔家君. 论中部农区农户打工区位选择影响因素——以河南省三个样本村为例 [J]. 地理研究，2009 (6)：1484 - 1493.

[10] 辜胜祖. 当代中国人口流动与城镇化 [M]. 武汉：武汉大学出版社，1991.

[11] 郭丛斌. 二元制劳动力市场分割理论在中国的验证 [J]. 教育与经济，2004 (3)：7 - 11.

[12] 郭云南. 转型经济中劳动力迁移对非农就业的影响——中国农户调查数据的分析 [N]. 中南财经政法大学学报，2010 (3)：9 - 15.

[13] 韩秀华. 论我国劳动力市场的分割 [J]. 当代经济科学，2008 (4)：3 - 5.

[14] 黄宁阳. 新时期中国农村劳动力非农转移就业的新特点 [J]. 调研世界，2010 (5)：27 - 29.

[15] 晋利珍. 罗尔斯公平正义论对我国农村社会保障制度建设的启示——基于经济伦理视角的分析 [J]. 人口与经济，2008 (1)：75 - 79.

[16] 晋利珍. 劳动力市场行业分割在中国的验证 [J]. 人口与经济，2009 (5)：35 - 40.

[17] 赖德胜. 论劳动力市场的制度性分割 [J]. 经济科学，1996 (6)：19 - 23.

[18] 李建民. 中国劳动力市场多重分割及其对劳动力供求的影响 [J]. 劳动经济与劳动关系，2002 (5)：21 - 26.

[19] 李萍. 刘灿. 论中国劳动力市场的体制性分割. 经济学家，1999 (6)：42 - 46.

[20] 李湘萍，郝克明. 中国劳动力市场户籍分割与企业人力资本投资的作用. 经济经纬，2006 (1)：15 - 17.

[21] 李实. 中国经济转轨中劳动力流动模型 [J]. 经济研究. 1997 (1)：23 - 30，80.

［22］李虎. 关于基尼系数分解分析的讨论［J］. 数量经济技术经济研究，2005（3）：127－135.

［23］罗卫东. 反常二元经济结构与我国的就业问题［N］. 杭州大学学报（哲学社会科学版），1998（2）：84－90.

［24］刘精明. 市场化与国家规制——转型期城镇劳动力市场中的收入分配［J］. 中国社会科学，2006（5）：110－124.

［25］聂盛. 我国经济转型期间的劳动力市场分割：从所有制分割到行业分割［J］. 当代经济科学，2004（6）：25－32.

［26］史晋川. 战明华. 聚集效应、劳动力市场分割与城市增长机制的重构. 财经研究，2006（1）：40－46.

［27］唐家龙，马忠东. 中国人口迁移的选择性：基于五普数据的分析［J］. 人口研究，2007（5）：42－51.

［28］陶银球. 我国返乡农民工技能资本与收入关系的实质研究［J］. 统计研究，2010，27：51－57.

［29］王汉民，马俊峰. 谋划农业新发展 给力中原经济区［J］. 河南农业，2011（7）：23－24.

［30］王德文. 双轨制度对中国粮食市场稳定性的影响［J］. 管理世界，2001（3）：42－53.

［31］王德文，蔡昉，张国庆. 农村迁移劳动力就业与工资决定：教育与培训的重要性［J］. 经济学季刊，2008（4）：36－45.

［32］王怀民. 中国加工贸易出口主体分化问题探析——一个劳动力市场分割的视角［J］. 生产力研究，2005（8）：13－16.

［33］王智强，刘超. 中国农村劳动力迁移影响因素研究——基于Probit模型的实证分析［J］. 当代经济科学，2011（1）：42－56.

［34］徐宽. 基尼系数的研究文献在过去八十年是如何拓展的［J］. 经济学（季刊），2003（4）：757－778.

［35］徐林清. 试析我国劳动力市场分割对农村人力资本积累的制约［J］. 岭南学刊，2002（4）：12－16.

［36］杨菊华. 延续还是变迁？社会经济发展与婚居模式关系研究

[J]. 人口与发展，2008 (5)：13 -22.

[37] 易君健，耿龙波. 中国农村劳动力迁移过程中的部门选择与性别差异 [J]. 世界经济文汇，2007 (4)：56 -69.

[38] 张力，袁伦渠. 我国公务员工资收入决定机制成因：一个基于劳动力市场分割理论的定性解释 [J]. 北京交通大学学报（社会科学版），2007 (1)：41 -45.

[39] 张展新. 劳动力市场的产业分割与劳动人口的流动. 中国人口科学，2004 (2)：26 -29.

[40] 周皓. 资本形式，国家政策与省际人口迁移. 中国人口科学，2006 (1)：42 -51.

[41] 朱镜德. 中国三元劳动力市场格局下的两阶段乡—城迁移理论 [J]. 中国人口科学，1999 (1)：7 -12.

[42] 朱镜德. 现阶段中国劳动力流动模式、就业政策与经济发展. 中国人口科学，2001 (4)：3 -11.

[43] 朱农. 中国四元经济下的人口迁移——理论、现状与实证分析 [J]. 人口与经济，2001 (1)：15 -20.

[44] Démurger Sylvie, Fournier Martin, 李实，魏众. 中国经济改革与城镇劳动力市场分割——不同地区职工工资收入差距的分析 [J]. 中国人口科学，2008 (2)：26 -39.

[45] Albrecht James, Navarro Lucas, Vroman Susan. The Effects of Labor Market Policies in an Economy with an Informal Sector [R]. Institute for the Study of Labor (IZA) Discussion Paper No. 2141, 2006.

[46] Alon Sigal, Donahoe Debra and Marta Tienda. The Effects of Early Work Experience on Young Women's Labor Force Attachment [J]. Social Forces , 2001, 79 (3)：1005 -1034.

[47] Anastas J. W. Employment opportunities in social work education: A study of jobs for doctoral graduates. Journal of Social Work Education, 2006, 42, 195 -209.

[48] Averitt Robert T. , The Dual Economy: The Dynamics of American

Industrial Structure. New York: Norton, 1968.

[49] Baron James N. and William T. Bielby, Bringing the Firms Back in: Stratification, Segmentation, and the Organization of Work [J], American Sociological Review, 1980, 45 (5): 737-765.

[50] Becker Gary S., Investment in Human Capital: A Theoretical Analysis [J]. The Journal of Political Economy, 1962, 70: 9-49.

[51] Berger S. and Piore M. Dualism and Discontinuity in Industrial Societies. Cambridge: Cambridge University Press, 1982.

[52] Bigsten, Arne, Mengistae, Taye and Shimeles, Abebe, Mobility and Earnings in Ethiopia's Urban Labor Markets, 1994-2004. 2007. World Bank Policy Research Working Paper No. 4168.

[53] Bishop John A., Luo Feijun, Fang Wang. Economic transition, gender bias, and the distribution of earnings in China [J]. Economics of Transition, 2005, 13 (2): 239-259.

[54] Bosch and W. F. Maloney. Comparative Analysis of Labor Market Dynamics Using Markov Processes: An Application to Informality. 2007. IZA Discussion Papers 3038, Institute for the Study of Labor (IZA).

[55] Bosch M., E. Goni and W. Maloney. The Determinants of Rising Informality in Brazil: Evidence from Gross Worker Flows. 2007. IZA Discussion Paper 2970.

[56] Boston T. Segmented labor markets: new evidence from of study of four-race- gender groups [J]. Industrial and labor relation review. 1990: 356-397.

[57] Bowles Samuel, Competitive Wage Determination and Involuntary Unemployment: A Conflict Model, mimeo., University of Massachusetts, May 1981.

[58] Brinton M. C., The Social-Institutional Bases of Gender Stratification: Japan as an Illustrative Case [J]. American Journal of Sociology, 1988, 94 (2): 300-334.

[59] Brinton M. C., Gender stratification in contemporary urban Japan [J]. American Sociological Review, 1989, 54 (4): 549-564.

[60] Brinton M. C., Married women's labor in East Asian economies, in Women's working lives in East Asia [M]. Stanford University Press, 2001.

[61] Brinton M. C. and H. Y. Ngo, Age and Sex in the Occupational Structure: A United States-Japan Comparison, in Sociological Forum, Springer, 1993.

[62] Buchele Robert. Jobs and Workers: A Labor Market Segmentation Perspective on the Work Experience of Young Men [D]. Ph. D. dissertation, Harvard University, 1976.

[63] Carnoy M. and R. Rumberger. Segmentation in the U. S. labor market: Its effects on the mobility and earnings of whites and blacks [J]. Cambridge Journal of Economics, 1980, (7): 23-68.

[64] Cairnes J. E., Some leading principles of political economy newly expounded [M]. London: McMillan, 1874.

[65] Chen Y., Démurger S., and M. Fournier, Earnings Differentials and Ownership Structure in Chinese Enterprises [J]. Economic Development and Cultural Change, 2005, 53 (4): 933-958.

[66] Coles Melvyn G. and Eric Smith, Cross-Section Estimation of the Matching Function: Evidence from England and Wales [J]. Economica, 1996, 63: 589-597.

[67] Correll Shelley J., Benard Stephen and In Paik. Getting a Job: Is There a Motherhood Penalty? [J]. American Journal of Sociology, 2007, 112 (5): 1297-1339.

[68] Démurger S., Fournier M. and Y. Chen, The evolution of gender earnings gaps and discrimination in urban China, 1988-1995 [J]. The Developing Economies, 2007, 45 (1): 97-121.

[69] Dickens William T. and Kevin Lang. A Test of Dual Labor Market Theory [J]. Amerieau Eeonomic Review, 1985, 75 (4): 792-805.

[70] Dickens William T. and Kevin Lang. The Reemergence of Segmented Labor Market Theory [J]. Amerиean Eeonomic Review, 1988, 78 (2): 129 -134.

[71] Dickens William T. and Kevin Lang. Labor Market Segmentation Theory: Reconsidering the Evidence [R]. NBER Working Paper No. 4087. 1992.

[72] Doeringer P. and Piore M. Intemal Labor Martkets and Man Power Analysis. Lexington, MA: D. C. Heath, 1971.

[73] Dong, Xiao - yuan, Bowles, Paul, Segmentation and discrimination in China's emerging industrial labor markets. Chinese Economic Review. 2002, 13 (2 -3): 170 -196.

[74] Dong X., Macphail F., Bowles P., Ho, S. P. S., Gender segmentation at work in China's privatized rural industry: Some evidence from Shandong and Jiangsu. World Development 2003, 32 (6): 979 -998.

[75] Dunlop John T., The Task of Contemporary Wage Theory. In John T. Dunlop, ed. The Theory of Wage Determination [M]. London: Macmillan and New York: St. Martin's, 1957, 3 -27.

[76] Duryea, Suzanne and Morrison, Andrew Robert, The Effect of Conditional Transfers on School Performance and Child Labor: Evidence from an Ex - Post Impact Evaluation in Costa Rica. 2004. IDB Working Paper No. 418.

[77] Duryea Suzanne, Marquéz Gustavo, Pagés Carmen, Scarpetta Stefano and Carmen Reinhart. For Better or for Worse? Job and Earnings Mobility in Nine Middle - and Low - Income Countries. In Brookings Trade Forum Global Labor Markets? [M]. Brookings Institution Press, 2006.

[78] Eaton B. Curtis and William White, Agent Compensation and the Limits of Bonding [J]. Economic Inquiry, 1982, 20: 330 -343.

[79] Edwards R. C., Reich M. and Gordon D. M. Labour Market Segmentation. Lexington: D. C. Heath. 1975.

[80] Fernandez R. M., Castilla E. J., and Moore P.. Gendering the job: Networks and recruitment at a call center. American Journal of Sociology, 2005, 111, 859 - 904.

[81] Fibbi R., Kaya B., and Piguet E.. Nomen est omen: Quands'appeler Pierre, Afrim ou Mehmet fait la différence. Bern: Schweizerischer National funds. 2003.

[82] Freedman M. Labor Markets: Segments and Shelters. Montclair, New Jersey: Allanheld, Osmun. 1976.

[83] Gintis Herbert. Education, Technology, and the Characteristics of Worker Productivity [J]. The American Economic Review, 1971, 61 (2): 266 - 279.

[84] Gordon D. M., Theories of Poverty and Underemployment [M], 1972, Lexington, Mass.

[85] Gordon David M., Edwards Richard and Michael Reich. Segmented work, divided workers: The historical transformation of labor in the United States [M]. 1982, Cambridge University Press.

[86] Grimshaw D. and J. Rubery, Integrating the internal and external labour markets [J]. Cambridge Journal of Economics, 1998, 22 (2): 199 - 220.

[87] Gustafsson B., Li, Shi., Economic transformation and the gender earnings gap in urban China. Journal of Population Economics, 2000, 13: 305 - 329.

[88] Hallstrom K. T. Organizing International Standardization: ISO and the IASC in Quest of Authority. 2004. Cheltenham: Edward Elgar.

[89] Haltiwanger John C., Vodopivec Milan. Gross worker and job flows in a transition economy: an analysis of Estonia [J]. Labour Economics, 2002, 9 (5): 601 - 630.

[90] Harrison Bennett. Education, Training, and the Urban Ghetto [M]. Johns Hopkins Press, 1972.

[91] Heckman, James J. and Hotz V. Joseph. An Investigation of the Labor Market Earnings of PanamanianMales: Evaluating the Sources of Inequality [J]. The Journal of Human Resources, 1986, 1 (4): 507 - 541.

[92] Hiebert D., Local Geographies of Labor Market Segmentation: Montréal, Toronto, and Vancouver, 1991 [J]. Economic Geography, 1999, 75 (4): 339 - 369.

[93] Hughes James, Maurer - Fazio Margaret. Effects of Marriage, Education and Occupation on the Female / Male Wage Gap in China [J]. Pacific Economic Review, 2002, 7 (1): 137 - 156.

[94] Jackson M. Non - meritocratic job requirements and the reproduction of class inequality: An investigation. Work, Employment & Society, 2001, 15, 619 - 630.

[95] Jackson M., Goldthorpe, J. H., & Mills, C. Education, employers and classmobility. Research in Social Strati? Cation and Mobility, 2005, 23: 3 - 33.

[96] Jencks Christopher. Inequality: A Reassessment of the Effect of Family and Schooling in America [M]. Basic Books, Inc. 1972.

[97] Kerr C., The Balkanization of Labor Markets. In Labor Mobility and Economic Opportunity [M]. Edited by E. W. Bakke, P. M. Hauser, G. L. Palmer, C. A. Myers, D. Yoder and C. Kerr. New York. Wiley, 1954: 92 - 110.

[98] Knight, John, Song, Lina, Huaibin, Jia, Chinese rural migrants in urban enterprises: three perspectives. Journal of Development Studies. 1999, 35 (3): 73 - 104.

[99] Levinson H. M., Unionism, Concentration and Wage Changes: Toward a Unified Theory [J]. Industrial and Labor Relations Review, 1967, 20 (2): 198 - 205.

[100] Lindbeck A. and D. J. Snower, Wage Setting, Unemployment and Insider - Outsider Relations [J]. The American Economic Review, 1986, 76

(2): 235 -239.

[101] Liu P. -W., Meng X., Zhang J. Sectoral gender wage differentials and discrimination in the transitional Chinese economy [J]. Journal of Population Economics, 2000, 13: 331 -352.

[102] Liu, Pak - Wai, Zhang, Junsen, Chong, Shu - Chuen, Occupational segregation and wage differentials between natives and immigrants: evidence from Hong Kong [J]. Journal of Development Economics. 2004, 73: 395 -413.

[103] Lucas Robert E. B., Working Conditions, Wage - rates, and Human Capital: A Hedonic Study [D]. Ph. D. dissertation, M. I. T., 1972.

[104] Lucas Robert E. B., Jr. Life Earnings and Rural - Urban Migration [J]. The Journal of Political Economy, 2004, 112: S29 - S59.

[105] Lund F. and S. Srinivas, Learning from Experience: A Gendered Approach to Social Protection for Workers in the Informal Economy [M]. International Labour Organization: Geneva, 2000.

[106] Magnac Th., Segmented or Competitive Labor Markets [J]. Econometrica, 1991, 59 (1): 165 -187.

[107] Maloney W. F. Does Informality Imply Segmentation inUrban LaborMarke? Evidence from Sectoral Transitions in Mexico [J]. World Bank Economic Review, 1999, 113 (2): 275 -302.

[108] Maurer - Fazio M., Hughes J. The effects of market liberalization on the relative earnings of Chinese women [J]. Journal of Comparative Economics, 2002, 30: 709 -731.

[109] Maurer - Fazio Margaret, Dinh Ngan. Differential rewards to, and contributions of, education in urban China's segmented labor markets [J]. Pacific Economic Review, 2004, 9 (3): 173 -189.

[110] Mayhew K. and, B. Rosewell, Labour market segmentation in Britain [J]. Oxford Bulletin of Economics and Statistics, 1979, 41: 81 -116.

[111] McNabb R. and P. Ryan, Segmented labour markets, in Sapsford,

D. and Tzannatos, Z. (eds), Current Issues in Labour Economics [M]. London, Macmillan. 1989.

[112] McNabb R. and G. Psacharopoulos, Further evidence on the relevance of the dual labour market hypothesis for the UK [J]. Journal of Human Resources, 1981, 16, 442 -448.

[113] McDonald I. M. and R. W. Solow, Wage Bargaining and Employment [J]. The American Economic Review, 1981, 71 (5): 896 -908.

[114] Mclanahan Sara. Diverging destinies: How children are faring under the second demographic transition [J]. Demography, 2004, 41 (4): 607 -627.

[115] Meng X., and Zhang J. The two - tier labor market in Urban China occupational segregation and wage differentials between urban residents and rural migrants in Shanghai [J]. Journal of Comparative Economics, 2001, 29 (3): 485 -504.

[116] Mill J. S. Principles of Political Economy [M]. New York: Appleton. 1885.

[117] Mincer Jacob. Progress in Human Capital Analysis of the Distribution of Earnings. NBER working papers series. No. 53. 1974.

[118] Ng YC., Gender earnings differentials and regional economic development in urban China, 1988 - 1997 [J]. Review of Income and Wealth, 2007, 53 (1): 148 -166.

[119] O'Connor J., Inflation, Fiscal Crisis, and the American Working Class. Socialist Revolution, Mar. - Apr. 1972.

[120] Osberg L., Apostle R. and D. Clairmont, Segmented labour markets and the estimation of wage functions [J]. Applied Economics, 1987, 19 (12): 1603 -1624.

[121] Osterman P., An Empirical Study of LabourMarket Segmentation [J]. Industrial and Labour Relations Review, 1975, 28, (4): 508 -523.

[122] Osterman P., The nature and importance of internal labor markets.

In P. Osterman (Ed.), Internal labor mar - kets (pp. 1 - 22). Cambridge, MA: MIT Press. 1984.

[123] Packard T. G. G. Do Workers in Chile Choose Informal Employment? A Dynamic Analysis of Sector Choice. 2007, World Bank Policy Research Working Paper No. 4232.

[124] Perry Guillermo E., Maloney William F., Arias Omar S., Fajnzylber Pablo, Mason Andrew, Saavedra - Chanduvi Jaime, Informality: Exit and Exclusion. 2007.

[125] Petersen T., and Saporta I. The opportunity structure for discrimination. American Journal of Sociology, 2004, 109: 852 - 901.

[126] Petersen T., Saporta I., and Seidel M. - D. L. Offering a job: Meritocracy and social networks. American Journal of Sociology, 2000, 106: 763 - 816.

[127] Pettit Becky, Hook Jennifer. The Structure of Women's Employment in Comparative Perspective [J]. Social Forces, 2005, 84 (2): 779 - 801.

[128] Piore Michael J., The Dual Labor Market: Theory and Implications. In The State and the Poor. 1970.

[129] Piore Michael J., Notes for a Theory of Labor Market Stratification. pp. 125 - 150 in Labor Market Segmentation [M]. Edited by R. Edwards, M. Reich and D. Gordon. Lexington, Mass.: Heath. 1975.

[130] Piore Michael J., Unemployment and Inflation [M]. White Plains, N. Y.: Sharpe. 1979.

[131] Qian W., Rural - urban migration and its impact oneconomic development in China [M]. Aldershot, England: Avebury, 1996.

[132] Reid Lesley Williams, Rubin Beth A.. INTEGRATING ECONOMIC DUALISM AND LABOR MARKET SEGMENTATION: The Effects of Race, Gender, and Structural Location on Earnings, 1974 - 2000 [J]. The Sociological Quarterly, 2003, 44 (3): 405 - 432.

[133] Robinson P., Active labour - market policies: a case of evidence - based policy - making? [J]. Oxford Review of Economic Policy, 2000, 16 (1): 13-26.

[134] Ryan P. Segmentation, duality and the internal labor market. In Wilkinson, F (ed.), The Dynamics of Labor Markets Segmentation, London: Acadamic Press, 1984.

[135] Ryan P. The School - to - Work Transition: A Cross - National Perspective [J]. Journal of Economic Literature, 2001, 39 (1): 34-92.

[136] Saavedra Jaime, Chong Alberto. Structural reform, institutions and earnings: evidence from the formal and informal sectors in urban Peru [J]. The Journal of Development Studies, 1999, 50 (5): 95-116.

[137] Sayer L. C., Gender, time and inequality: Trends in women's and men's paid work, unpaid work and free time [J]. Social forces, 2005, 84 (1): 285-303.

[138] Serhiy S., Labor Market Segmentation: Tge Case of Ukraine and Russia [D]. National University of "Kyiv - Mohyla Academy". 2003.

[139] Shapiro C. and J. E. Stiglitz, Equilibrium Unemployment as a Worker - Discipline Device [J]. The American Eeonomie Review, 1984, (3): 236-268.

[140] Shorrocks A. F. The Class of Additively Decomposable Inequality Measures [J]. Econometrica, 1980, 48 (3): 613-625.

[141] Shorrocks A. F. Inequality Decomposition by Factor Components [J]. Econometrica, 1982, 30 (1): 193-211.

[142] Shorrocks A. F. Inequality Decomposition by Population Sub-groups [J]. Econometrica, 1984, 52 (6): 1369-1385.

[143] Smith T. and Zenon Y. Dual Labor Markets, Urban Unemployment and Multicentric Cities [J]. Journal of Eeonomic Thery. 1997 (76): 423-456.

[144] Sorm, Vit, and Terrell, Katherine. Sectoral Restructuring and La-

bor Mobility: A Comparative Look at the Czech Republic [J]. Journal of Comparative Economics, 2000, 28 (3): 431 - 455.

[145] Srinivas S. Technical standards and economic development: Meeting the most common denominator. 2005. Prepared for the United Nations Industrial Development Organization (UNIDO), Vienna.

[146] Stark Oded, Taylor J. E. Migration incentives, migration types: The role of relative deprivation [J]. The Economic Journal, 1991 (101): 1161 - 1178.

[147] Stolzenberg R. M., Estimating an equation with multiplicative and additive terms, with an application to wage differentials between men and women in 1960 [J]. Sociological Methods and Research, 1974, 2: 313 - 331.

[148] Theil H. Economics and Information Theory [M]. Amsterdam, North - Holland. 1967.

[149] Thomas M. and L. Vallee, Labour market segmentation in Cameroonian manufacturing [J]. The Journal of Development Studies, 1996, 32 (6): 876 - 898.

[150] Thurow L. Generating Inequality. New York: Basic Books, 1975.

[151] Thurow L. and R. E. Lucas, The American distribution of income: A structural problem [M]. U. S. Govt. Print. Off. (Washington), 1972.

[152] Wood Geof, Gough Ian. A Comparative Welfare Regime Approach to Global Social Policy [J]. World Development, 2006, 34 (10): 1696 - 1712.

[153] Williamson, O. E. Economic Institution of Capitalism. The Press. Now York, 1985.

[154] Yamada Gustavo. Urban informal employment and self - employment in developing countries: theory and evidence [M]. Economic Development and Cultural Change, 1996: 289 - 314.

[155] Yellen Janet L., Efficiency Wage Models of Unemployment [J]. The American Economic Review, 1984, 74 (2): 200 - 205.

[156] Yu Xiaomin. From Passive Beneficiary to Active Stakeholder: Workers' Participation in CSR Movement Against Labor Abuses [J]. Journal of Business Ethics, 2009, 87 (s1): 233 -249.

[157] Zhao W. and Zhou X. Isititutional Transformation and Retums to Edueation in Urban China: A Empirieal Assessment [J]. Research in Social Stratification and Mobility. 2002 (19): 236 -264.

[158] Zhao Y. Causes and consequences of return migration: recent evidence from China [J]. Journal of Comparative Economics, 2002, 30: 376 -394.

后　记

十年前农民工流动是经济社会中的一个热门话题，十年后当时的问题好像都被农民工自己解决了。不得不佩服中国农民和中国农民工的伟大，或许这就是我们中华民族和中国社会的一个缩影，在漫长的历史和社会进程中不断适应变迁、不断生存发展、不断延续文化。在转型社会中，人永远是最活跃也是最难以名状的因素，研究什么都不如研究人这个决定性因素更有意义和价值。即便本书所描述的是 2008 年金融危机造成的农民工流动，到今天仍然是有意思、有价值、有意义的话题。

从 2008 年至今已经七年了，我们已经忘记了那时的金融危机和对中国社会经济的冲击，可能农民工也忘记了在那时的挣扎和无奈，因为他们今天又要面对新的问题、新的困难和新的挑战。而我从 2005 年经过了近七年在重庆大学经济与工商管理学院的博士阶段学习，于 2012 年完成了博士学位论文的撰写工作。在这七年中，我的工作和生活也发生了诸多变化，所有这些使我增长了阅历、磨炼了意志、锻炼了心性、改变了观念，让我受益匪浅。这两个七年有某种巧合，让我在博士毕业三年后决定将博士论文付梓。

这篇论文比较有价值的地方可能在于，发现了前几年比较热门的话题——刘易斯拐点在2008年金融危机的时候就已经到来，相较于一些权威经济学家认为中国的刘易斯拐点在2010年早了两年。而恰恰是这两年揭示了中国刘易斯拐点的特征，或者是中国农民工流动的刘易斯拐点特征，即中国刘易斯拐点不是一个陡然的拐点，而是一个渐近的过程。这个过程是随着不同地区劳动力市场工资差距缩小而形成的，具体表现为在工资较低的地区，劳动力市场随着工资水平的提高会吸引原籍在本地区的农民工返乡务工或是创业。经济欠发达地区工资水平阶梯性地提高，会吸引去经济发达地区外出务工的农民工返乡，农民工返乡的深层次原因是因为能够拿到和外出务工差不多的工资，或者这个工资差距在一个可接受范围内。这很好地解释了农民工返乡的先后次序和阶段性。

本书是在我的博士论文的基础上完成，博士论文从选题、撰写一直到最终定稿都得到了导师张宗益教授耐心细致的悉心指导。张老师理论功底深厚、治学严谨，这篇论文中的很多观点和创新之处都是在张老师的不断启发下逐渐形成的。衷心地感谢张老师对我的帮助和指导。感谢重庆大学经济与工商管理学院的各位老师，将我引入了学术研究的殿堂，使我能够接触到最前沿的经济管理学科知识。感谢我的同学们，论文的许多观点是在与各位同学的不断交流中逐渐形成的。还要感谢在2009年农民工抽样调查的组织者和参与者提供的支持和帮助，没有他们的努力工作，就不可能获得高质量的调查数据，本书的完成就无从谈起。由于水平有限，难免有疏漏之处，真诚地希望各位专家学者批评指正。

同时，在博士论文送出评审的时候，很多大学的博士生导师和评审专家认为，农民工研究是一个非常有意义和有价值的研究方向，并且本书的视角是从返乡农民工和本地农民工的对比来研究农民工流动的动力和影响因素，很多评审专家希望能够继续做跟踪研究。特别是2009年在重庆市丰都县组织的农民工调研是由国家统计局丰都调查队负责组织和实施的，数据的真实性和数据的质量都得到了很好的保证。本调查是当时国内比较全面的、系统的农民工调研，内容覆盖了农民工社会家庭、生产生活、思想认识等诸多方面，总共调查了1200名农民工，其中有效问卷1044份，由于本书的主要研究方向在经济领域，很多调查成果并未完全运用，其中很多调查很有价值。现在也将当时的重庆市丰都县返乡农民工调查问卷数据分析作为附录供广大读者了解，如有兴趣的专家学者希望从这些旧纸堆里找到新方向、新思路、新观点那就更好了。至少，让这些数据保存下来，也许若干年后我们能从中发现历史的脉络。

感谢我的家人及所有关心和支持我的朋友，在我攻读博士学位期间给予我的鼓励和支持，你们的期待是我不断取得进步的动力。将这本书献给我的孩子，从她的成长中，我学了很多，既希望她能好好学习超过我，又希望她不用读这么多书有自己喜欢的生活，更希望她明白自己的人生价值，走她自己的路。

张洪铭

二〇一五年六月于重庆